지금 누리는
하나님 나라

A QUEST FOR MORE: Living for Something Bigger than You
by Paul David Tripp

Originally published in the USA by New Growth Press
under the title *A QUEST FOR MORE: Living for Something Bigger than You*
Copyright ⓒ 2007, 2008 by Paul David Tripp
All rights reserved.

Korean Edition published by Word of Life Press, Seoul 2017
Translated and used by permission of New Growth Press
Printed in Korea.

지금 누리는
하나님 나라

ⓒ 생명의말씀사 2017

2017년 12월 26일 1판 1쇄 발행
2024년 6월 7일   6쇄 발행

펴낸이 | 김창영
펴낸곳 | 생명의말씀사

등록 | 1962. 1. 10. No.300-1962-1
주소 | 서울시 종로구 경희궁1길 6 (03176)
전화 | 02)738-6555(본사) · 02)3159-7979(영업)
팩스 | 02)739-3824(본사) · 080-022-8585(영업)

기획편집 | 임선희, 신현정, 서금옥
디자인 | 조현진
인쇄 | 예원프린팅
제본 | 보경문화사

ISBN 978-89-04-16609-1 (03230)

저작권자의 허락 없이 이 책의 일부 또는 전체를
무단 복제, 전재, 발췌하면 저작권법에 의해 처벌을 받습니다.

지금 누리는
하나님 나라

사 소 하 고　　허 무 한　　일 상 을　　넘 어
더 크 고　의 미　있 는　삶　추 구 하 기

치열한 삶의 한복판에서 당신은 무엇을 위해 희생하는가? 가족? 인간관계? 사회적인 성공? 경제적인 풍요? 이 땅을 살아가는 동안 우리는 결코 이러한 것들을 무시할 수 없다. 그러나 하나님께서 우리에게 예수 그리스도를 주신 것은 우리만의 작은 왕국을 성공적으로 만드는 것이 아닌, 훨씬 큰 왕국으로 우리를 맞아들이기 위해서다. 그렇다면 그리스도인은 어떻게 살아야 할까? 어떻게 하면 이 땅에서 하나님 나라를 누릴 수 있을까?

폴 트립 지음 | 이선숙 옮김

생명의말씀사

그간 나에게 선생과 멘토, 본보기, 조력자, 친구들이 없었다면
이 책을 완성할 수 없었을 것이다.
많은 사람의 도움으로 사명을 감당하게 해주신
하나님께 감사드린다.

머리말

훨씬 큰 나라를 향해

어떤 책은 한 가지 주제를 집중적으로 다룬다. 삶의 어떤 국면에 필요한 일련의 기술이나 요령을 알려주는 책도 있다. 한 사람의 경험이나 여행을 기록한 책도 있다. 재미있는 책도 있고 슬픈 책도 있다.

이 책은 이런 범주에 들어가지 않는다. 이 책을 나름대로 최선을 다해 소개해보면, 성경의 핵심 개념 가운데 하나인 하나님 나라에 집중하도록 도와주는 책이다.

하지만 이 책은 하나님 나라를 신학적으로 다룬 책도, 하나님 나라가 들어가는 성경구절들을 주석한 책도 아니다. 이 책은 무엇보다 예수님이 우리에게 명령하신 "너희는 먼저 그의 나라를 구하라"는 말씀의 의미를 숙고한다. 삶의 모든 영역을 하나님 나라로 확장한다면 실제로 어떤 모습일까?

문제는 '하나님 나라' 같은 성경 용어들이 익숙한 듯하면서도 생소하다는 점이다. 많이 들어봤고 대화 중에도 사용하지만 그것이 무슨 의미인지 실제로는 잘 모른다. 혹은 기술적으로는 그 의미를 알아도 실제 삶에서 어떻게 적용하는지 잘 모르는 경우가 있다.

이 책에서 다룰 하나님 나라에 대한 논의는 신학교에서 다루는 내용이 아니다. 실제 삶의 한복판에서 일어나는 일이다. 실제 삶 속에서 예수님의 명령을 따르도록 돕고자 한다. 이 일을 함께 해나가면서 처음에는 불편을 느끼겠지만, 곧 용기를 내어 기쁨 가운데 소망을 붙들 수 있기를 바란다.

하나님께서 독생자를 우리에게 선물로 주신 것은 자신만의 작은 왕국을 성공적으로 만들라고 하신 것이 아니다. 그보다 훨씬 크고 좋은 나라로 우리를 맞아들이기 위해서다.

자, 그렇다면 이 세상에서 하나님 나라는 어떤 의미를 지닐까?

— 폴 트립

목차

머리말   훨씬 큰 나라를 향해   6
시작하는 글   여행을 시작하며⋯   12

1　자신이 어떤 존재인지 발견하라　　　　　15
　　미인대회 참가자들과 세계평화 | 태초로 가보자 | 영광에 끌리다 |
　　초월적인 영광 | 현실은 어떠한가?

2　정말 중요한 일에 헌신하라　　　　　　　31
　　에덴동산에서 일어난 일 | 중고차 판매 | 오래된 속임수

3　죄가 일으킨 대참사를 기억하라　　　　　47
　　숨이 멎을 만큼 아름다운 것 | 대참사 앞에서 | 세상에서 가장 슬픈
　　일 | 자율과 초월 | 그때까지

4 자신만의 왕국을 벗어나라   63

보물과 백합화 | 나의 작은 왕국이 있는 곳 | 왜 나의 작은 왕국에 끌릴까? | 아버지를 기억하며 살기

5 왕의 문명 건설에 참여하라   77

문명화하는 사람들 | 분간하기 힘들다 | 자기 문명의 특징 | 싸우는 이가 있다!

6 욕심을 섬김으로 위장하지 말라   93

변장 왕국의 열매 | 가면 벗기 | 변장 왕국과 진정한 왕

7 현재가 아닌 영원에 투자하라   109

망가진 자동차 모형과 이기적인 욕망들 | 거대한 하나님 나라 | 압축된 왕국의 윤곽

8 예수 그리스도의 부르심에 응하라   125

왕의 이야기 | 그리스도 중심으로 살기 | 어떤 모습일까?

9 자신을 부인하고 자기 십자가를 지라   143
    죽어야 한다(요청) | 영적 자살을 피하게 된다(논리) | 모든 것을 가졌다면?(질문) | 작은 왕국을 더 선호하는 위험(경고) | 달콤한 약속

10 그리스도 중심으로 살라   161
    예수님께 초점을 맞춘 삶 | 중요한 질문 | 기억해야 할 것 | 부르심

11 하나님 안에서 탄식하라   173
    너무 쉬운 만족 | 탄식할 시간 | 축소와 만족 | 궁극적인 성취

12 하나님과 구원의 음악을 연주하라   187
    음악 왕국 | 재즈 왕국 | 불협화음이 내는 소음 | 그것은 재즈다! | 목적을 가진 재즈

13 하나님과 사람들에게 용서를 구하라   201
    내 뜻, 내 방법 | 용서의 왕국 | 바로잡기 | 용서는 전쟁이다 | 용서와 큰 왕국

14 예수님을 더욱 뜨겁게 사랑하라　　　　　213

무엇이 우리의 삶을 움직이는가? ㅣ 사랑할 시간이 없다 ㅣ 변덕스러운 마음 ㅣ 사랑하는 사람을 기다리는 것

15 예수님 외의 모든 보물을 내려놓으라　　　227

희생의 왕국 ㅣ 금항아리 ㅣ 움켜쥔 삶

16 하나님 나라를 위해,
　　하나님과 함께 분노하라　　　　　　　　239

분노의 연대기 ㅣ 두 가지 분노, 두 가지 명분 ㅣ 은혜의 격렬한 분노 ㅣ 선과 분노 ㅣ 크고 작은 드라마

17 하나님 나라를 소망하라　　　　　　　　251

실망을 주는 실망 ㅣ 실망을 주는 세상 ㅣ 근본적인 소망 ㅣ 실망을 주는 소망 ㅣ 다른 길

18 더 나은 삶으로 이끄는 질문들　　　　　　265

큰 왕국이 세상을 만날 때 ㅣ 개인적인 질문

시작하는 글

여행을 시작하며…

독서는 긴 여행과 매우 비슷하다. 처음에 시작할 때는 들떠 있다. 기대에 부풀어 있다. 하지만 오래지 않아 여행은 생각했던 것보다 길게 느껴지기 시작한다. 중간쯤 되면 끝이 가까워졌다는 표시를 간절히 기다리게 된다. 앞으로 남은 거리를 알려주는 표지판을 만날 때면 쾌재를 부르기 시작한다.

이 책은 여행과 같지만 조금 특별한 여행에 속한다. 이 책을 읽으면서 캔자스에서 태평양 연안으로 차를 몰고 가는 느낌이 들 수 있음을 경고해야겠다. 굉장한 여행이지만 머지않아 로키산맥을 만나게 된다. 봉우리와 봉우리를 오르다보면 낙심하기 쉽다.

어떤 내용이 나오기에 산봉우리에 비유하는 걸까?

이 책 초반부는 우리가 여러 가지 방법으로 자신의 작은 왕국을 위해 큰 왕국을 저버리는 경향이 있음을 보여준다. 이 부분을 여행할 때 고통스러울 수 있다. 기껏 높은 봉우리를 다 올랐는데 눈앞에 또 다른 봉우리가 펼쳐진 느낌일 것이다.

하지만 포기하지 마라! 겸허히 자기 성찰의 봉우리들을 다 지나고 자신의 문제를 인정하고 나면, 여행 말미에 나타날 하나님의 해결책이 보여주는 멋진 광경과 환호가 훨씬 아름답게 다가올 것이다.

이 여행을 시작하면서 기억해야 할 것이 있다. 우리의 현재 모습에 만족하지 않으시고 우리를 위해 우리 스스로는 결코 선택할 수 없었을 목적지를 정해놓으신 하나님을 섬기는 것은 행복한 일이라는 점이다.

하나님께서 우리를 창조하셨고 재창조하실 바로 그곳으로 우리를 이끄시기 전까지 절대 만족하지 않으실 거라는 사실은 우리에게 정말 좋은 소식이다. 우리 대부분은 만족하며 집에 머물려 한다. 많은 사람이 여행을 마치기도 전에 포기하려고 한다. 하지만 우리 하늘 아버지는 자녀들이 모두 그 여행을 끝내기까지 결코 포기하지 않으실 것이다. 그러니 함께 여행하면서 저 앞에 있는 거친 산들을 대면하자. 낙심하지 말자. 곧 해안이 나타날 것이고, 산을 오르며 힘들었던 만큼 목적지에 도착하는 일이 더 행복할 것이다.

다른 삶을
살고 싶은가?

1

자신이 어떤 존재인지 발견하라

초월 인간이 일상적으로 경험하는 범위를 벗어나고 넘어선 상태

우리는
더 큰 것의 일부로
창조되었다

뭔가 가치 있는 일에 헌신하고 싶었던 적이 있는가?

삶이 왠지 의미 없고 목적 없는 것처럼 느껴진 적이 있는가?

사회적 지위, 성공, 재산, 인간관계가 온전한 만족을 주지 못하여 실망했던 적이 있는가?

어떻게 해서든, 어떤 방법으로든 정말로 커다란 어떤 것의 일부가 되고자 꿈꾸었던 적이 있는가?

그렇다면 이 책을 읽으라. 이 책은 의미 있는 삶을 살고, 뭔가 다른 삶을 살고자 하는 사람들을 위한 책이다.

성공과 성취, 영향력에 대해 말하는 책은 많다. 하지만 이 책은 그런 책이 아니다. 이 책은 당신을 여행으로 초대한다. 지금까지 쓰인 책 중 가장 위대한 책인 성경이 들려주는 가장 위대한 이야기로의 초대다.

오직 성경 안에서만 당신이 누구인지, 또 어떤 존재가 되어야 하는지 발견할 수 있다. 하나님께서 당신이 있는 바로 그곳에 당신을 심어 놓으셨다. 당신은 하나님이 원하시는 바로 그곳에서 뭔가 더 큰 것의 일부가 된다. 그와 같이 당신은 중요한 목적을 위해 창조되었으니 이제 나와 함께 그것을 발견하는 여행을 시작해보자.

미인대회 참가자들과 세계평화

서구 문화에서 볼 수 있는 전형적인 장면이 있다. 미인 선발대회 우승자가 아름다운 자태로 마이크 앞에 서 있다. 사회자가 우승자에게 재임 기간 동안에 무슨 일을 하고 싶냐고 묻는다. 그러면 우승자는 이렇게 대답한다. "세계평화를 이끌고, 기아 문제를 해결하고, 새장에 갇힌 모든 앵무새를 풀어주고 싶습니다."

이런 말을 수없이 들었다. 심야 스탠드업 코미디의 단골메뉴였다. 다른 쟁쟁한 경쟁자들과 비교하며 이러쿵저러쿵 냉소적인 반응도 보이지만, 듣는 사람들은 우승자의 말을 통해 뭔가 깊고 독특한 인간적인 면모를 발견하게 된다. 그것은 바로 **모든 인간은 좀 더 나은 존재가 되고 싶어 한다는 것이다. 상대적으로 의미 없어 보이는 일상과는 다른, 뭔가 더 크고, 더 위대하고, 더 심오한 것의 일부가 되고 싶어 한다.**

아마도 그래서 인간은 에베레스트산을 오르려 하거나, 작은 요트를 타고 바다를 횡단하려 하거나, 아직 다른 사람이 이루지 못한 일들을 시도하는 것일 터이다. 아마도 그래서 인간은 정치나 스포츠, 혹은 싸울 이유를 주는 많은 것에 목숨을 거는지 모른다.

우리는 오직 우리 자신만을 위해 살도록 만들어지지 않았다. 자신의 생존이라는 좁은 경계를 넘어, 우리가 갖고 있는 협소한 행복의 정의를 넘어, 뭔가 더 큰 것의 일부가 되도록 이 땅에 심겨졌다. 그 욕망은 우리 안에 내재해 있는데 그것을 초월성이라 부른다. 초월한다는 것은 뭔가 더 큰 것의 일부가 되는 것이다.

우리는 뭔가 엄청나게 크고, 엄청나게 영광스럽고, 평범함을 훨씬 뛰어넘는 어떤 것의 일부가 되도록 창조되었으며, 그것이 우리가 삶의 모든 일상을 대하는 태도를 완전히 달라지게 한다. 그러나 죄로 인해 무뎌지고, 상처 받고, 반역하면서, 그 초월하려는 욕망이 짓밟혀왔다.

지금은 슈퍼볼 경기에서 목청을 다해 소리치는 관객 65,000명과 함께 후반전 공 던지는 모습에 열광하며 초월의 감정을 경험한다. 이렇게 말하는 팬이 있다. "승리는 우리의 것이다! 이제 우리 시대가 왔다. 이제 승리다!" 마치 팀의 일원인 양 말한다.

하지만 그는 팀의 일원이 아니다. 여기서 "우리"라는 말이 바로 초월이다. 그 사람은 자신의 세속적인 일상을 뛰어넘는 더 큰 것의 일부가 되었다. 자신의 지역 팀과 혼연일체가 되면서 잠시나마 자신의 평범한 일상의 경계를 초월할 수 있다.

대통령 선거운동에 참여하는 지역 당원들도 같은 경험을 한다. 대통령 후보자를 한 번도 직접 만난 적이 없고 그저 인쇄물을 접어서 상자에 넣는 일이 다일 수 있다. 그러나 그는 뭔가 초월적인 것의 일부다. 이 선거운동으로 정치를 완전히 바꿀 수 있다는 말을 들어왔다. 그는 선거운동에 참여함으로써 좁은 대학생활의 틀을 벗어나 뭔가 더 큰 것의 일부가 되었다. 잠시나마 현실을 초월했다.

살을 에는 바람을 맞으며 바라보기만 해도 아찔한 급경사가 난 산 앞에 선 등반가도 이런 초월을 경험한다. 그는 일상의 근심과 요구를 벗어나 뭔가 더 큰 일을 성취하기 위해 서 있다. 산소마저 희박한 정상에 섰을 때, 비록 하루지만 초월을 경험한다. 그 산이 그가 오른 유일한 정상이 아닐 것이다. 시위에 참여한 사람, 전투 부대에 속한 직업 군인, 왕 역할에 빠진 어린 소년도 같은 경험을 한다. 뭔가 중요한 것의 일부가 되는 느낌이다. 자신의 위치와 역할이 중요해지는 느낌을 받는다. 그 순간은 자신의 삶이 왠지 더 커지는 것 같다.

이런 느낌 때문에 아침에 침대에서 벌떡 일어날 수 있고, 때로는 너무 흥분해서 잠을 못 이룰 수도 있다. 이를 통해 매일 감당해야 하는 사소한 일들이 좀 더 만족스러워지고, 좀 더 중요하게 여겨진다. 왜냐면 이제는 살아남는 것 이상의 의미를 갖게 되었기 때문이다. 우리는 모두 이런 약간의 초월 경험을 가지고 있다. **이러한 초월의 욕구가 우리 모두에게 있는 이유는 하나님께서 우리 안에 그것을 넣어 두셨기 때문이다.**

하나님은 우리가 우리 자신을 뛰어넘는 더 나은 존재가 되도록 만드셨다. 의미와 목적과 중요성을 추구하는 존재로 만드셨다. 자기 생존과 자기 쾌락만으로는 온전히 만족할 수 없는 존재로 만드셨다. 우리의 비전이 자신의 삶이라는 경계를 훨씬 넘어서도록 만드셨다. 눈에 보이는 것 이상을 보도록 만드셨다. 따라서 더 큰 비전을 가질 때 우리는 가슴이 뛰고, 소속되고, 연결되고, 만족할 수 있다. 이런 관점에서 보면 미인대회도 그리 바보 같은 일로만 볼 것은 아니다. 아마도 미인대회에 참가하는 동안 뭔가 경험하는 것이 있을 것이다. 참가자가 갖는 초월에 대한 욕구가 그가 가진 신체적인 아름다움보다 더 아름다운 면모다.

태초로 가보자

창세기 1장과 2장에 나오는 창조 이야기를 보면, 인간은 분명 '더 높고 더 나은' 존재였음이 분명하다. 아담과 하와는 단지 동물들 중에서 가장 나은 정도의 존재가 아니었다. 창조 이야기 전체를 놓고 보면 인간은 아주 독특하고, 완전히 다른, 하나님이 만드신 다른 모든 것을 능가하는 그런 존재였다. 또한 아담과 하와는 그들의 생존 이상의 목적을 위해 창조되었음이 분명히 드러난다.

하나님께서 그들을 에덴동산에 두신 것은 단순한 생존과 자기만족을 위해서가 아니었다. 그들은 창조된 즉시 그들만의 필요와 관심의 경계를 넘어서야 하는 비전과 사명을 부여받았다. 초월은 그들의 인간성 안에 내포되어 있었다. 그들은 다른 피조물은 할 수 없는 것을 하도록 엄청난 능력을 부여받았다. 이에 미치지 못하는 존재는 인간 이하의 존재였다.

이것이 아담과 하와의 후손인 우리에게 무엇을 의미하는지 생각해보라. 우리는 자기만족을 위해 개인적인 즐거움을 추구하는 것 이상의 목적을 위해 창조되었다. 우리의 모든 욕구가 충족되고 모든 필요가 채워지도록 애쓰는 것, 그 이상의 목적을 위해 창조되었다. **우리는 한 사람만을 위한 작은 왕국을 다스리는, 자기 자신만 아는 하찮은 왕으로 창조되지 않았다.**

물론 자신의 건강과 직업, 집, 투자, 가족, 친구들을 돌보는 것은 옳은 일이다. 이런 것이 중요하지 않다는 식으로 행동하는 것은 무책임한 일이다. 하지만 그런 것만을 위해 산다면 인간으로서의 기능을 다하지 못하는 비극이다. 삶의 규모를 자기 생존으로만 축소시키는 것은 자신의 인간성을 근본적으로 부인하는 것이다. 왜냐면 우리는 '더 높고 더 나은' 존재로 창조되었기 때문이다. 거듭 말하지만 우리는 초월적인 존재로 지음받았다.

짐(Jim)이 앞에 앉아 있다. 축 처진 몸을 보니 침체되어 있는 게 분명했다. 얼마 전 문득 자기를 신경 써주는 사람이 한 명도 없다는 사실을 깨달았다고 했다. 그가 건강한지 아픈지, 행복한지 슬픈지 아무도 신경 쓰지 않았다. 그는 이렇게 말했다. "아침에 일어나 근사한 옷을 입고 멋지게 꾸며진 집을 나와 최고급 승용차를 타고 억대 연봉을 주는 회사로 간 뒤, 하루가 끝나면 다시 아름다운 집으로 돌아오는 일이 반복됩니다. 하지만 오늘 내가 죽어도 아무도 그 사실을 모를 겁니다. 모든 것을 다 가졌는데 저는 왜 행복하지 않을까요?"

짐은 정말 모든 것을 가졌지만, 그 모든 것을 얻느라 자신의 인간성을 부인해오고 있었다. 모든 것을 가지려다가 하나님이 만드신 모든 것과 인간을 구분하는 유일한 것을 잃어버리고 말았다. 짐은 자신만의 왕국을 건설했고, 자신이 꿈꾸던 것에 탐닉했으며, 모든 필요를 채웠다. 그는 질서 있게, 매우 성공적으로 자신의 왕국을 다스렸지만, 그것이 공허한 왕국이고 자신은 허수아비 왕이었음을 깨닫게 되었다. 짐이 너무 많은 것을 가지려 한 것이 문제가 아니었다. 그가 너무 협소한 방법에 안주하면서 딱 그만큼만 얻은 것이 비극이었다.

우리는 어떠한가? 우리는 지금 어떤 큰 비전을 향해 나아가고 있는가? 어떤 큰 꿈에 투자하고 있는가? '좋은 삶'이 뭐라고 생각하는가? 자신이 성공했는지 언제 알게 될 것 같은가? 모든 것을 가졌다면 '모든 것'이 어떤 모습일 것 같은가?

많은 신앙인이 매주 교회에도 잘 나가고, 성실하게 교회 사역도 감당하고, 성경말씀도 잘 알고, 드러나게 악한 삶을 살지도 않지만, '더 높고 더 나은' 존재로 창조되었음에도 '낮고 열등한' 삶에 안주하고 있는 것은 아닌지 걱정스럽다.

그들이 저지른 실수는 자신들이 믿는 기독교 신앙을 자신만의 삶으로 그 규모를 축소시켜 버린 것이다. 그들이 하나님의 은혜와 지혜를 얻은 것은 더 나은 결혼생활을 하고, 자녀들과 더 나은 관계를 맺고, 이웃과 더 잘 지내고, 직장에서도 더 나은 성공을 하는 등 더 풍성한 삶을 살라는 초대의 의미였다. 그리고 실제로 하나님의 은혜는 우리를 이러한 삶으로 이끄신다. 하지만 이 책에서는 '하나님께서 우리를 훨씬 더 나은 삶으로 초대하신다!'라는 주제를 이야기하려 한다.

하나님의 은혜는 당신이 가진 가장 대담하고 값비싼 꿈보다 훨씬 큰 어떤 것의 일부로 당신을 초대한다. 또한 당신이 스스로 세운 감옥을 부수고, 당신이 더 거대하고 더 중요한 것 안에 들어가도록 이끈다. 더 거대하고 더 중요한 것은 성경에서 오직 한 단어로 가장 적합하게 표현할 수 있다. 바로 '영광'이다.

영광에 끌리다

인정하자. 우리는 영광에 목매는 사람들이다. 그래서 360도 회전도 하고, 슬램덩크도 하고, 일일이 구슬로 꿰어 만든 어마어마하게 화려한 예복도 입고, 7층짜리 트리플 초콜릿 무스 케이크도 먹는다. 거대한 산과 찬란하게 빛나는 석양빛에 매료되는 것도 바로 이 때문이다. 우리 창조자께서는 우리가 영광에 강하게 이끌리도록 만드셨다.

이것은 피할 수 없는 우리의 본성이다. 쥐들은 누가 땅속 동굴을 가장 영광스럽게 만들었는지 경쟁하지 않는다. 또 우리 형 테드가 말한 것처럼, 펭귄들은 꽁꽁 얼어붙은 바닷속으로 뛰어내리면서 서로 점수를 매기지 않는다. "9.3점. 기술 점수는 높지만 예술 점수는 낮습니다."라고 말하는 펭귄 아나운서는 없다. 하지만 우리는 다르다. 우리는 살바도르 달리의 위대한 작품을 보려고 박물관으로 몰려든다. 최강의 롤러코스터를 타기 위해 90분이나 줄을 서서 기다린다. 다가오는 추수감사절 축제가 얼마나 멋질지 고대하며 며칠이고 꿈을 꾼다. 또 삶의 어떤 영역에서 단 한 순간의 영광을 얻기 위해 미친 듯이 일한다.

이와 같이 우리는 영광을 구하는 존재로 만들어졌다. 하지만 이 피조 세상의 그늘진 영광들만을 구하도록 창조된 것은 아니다. 초월적 영광인 하나님의 영광을 구하도록 창조되었다. 이 영광을 맛볼 때 우리 인생은 달라지기 시작한다.

초월적인 영광

이제 목적에 대해 잠깐 짚고 넘어가겠다. 일면 이 책은 목적을 갖고 사는 것에 대해 말하는 것 같지만, 실은 그것을 능가하는 훨씬 높은 것에 대해 말하고자 한다. 목적을 갖고 사는 사람들 중에도 실제로 별 다를 바 없는 인생을 사는 사람들이 많다. 또한 모든 인간은 무언가를 추구하기에 모든 인생이 목적을 가진 인생이라 할 수 있다. 때문에 목적을 갖는 것만으로는 충분하지 않다. 이것을 다른 방식으로 말해보겠다.

목적을 갖는 것은 좋은 일이지만, 그 목적이 영광과 연결되어 있지 않다면 인간으로서의 본성을 부인하는 것이다.

영광에 초점을 맞추어 창세기 1장과 2장을 보자. 모든 인간의 삶을 형성하는 초점(life-shaping focus)이 되도록 창조된 네 가지 초월적인 영광이 나온다. 첫 번째는 모든 인간이 목표로 삼고 살아야 할 영광이고, 나머지 세 개는 이 첫 번째 영광에서 흘러나오는 영광이다. 이 영광들로 말미암아 우리는 자신만을 위해 존재하려는 좁은 굴레에서 벗어나 근본적으로 더 높고 초월적인 것으로 이끌려간다. 여기서 이 네 가지를 소개한 다음 이후 하나씩 더 자세하게 살펴보겠다.

하나님의 영광

우리는 우리보다 열등한 것보다 우리보다 우수한 것에 더 연결되도록 만들어졌다. 다른 말로 하면, 우리 삶은 피조세계보다는 창조주에 귀속될 때 더 나은 삶이 될 수 있다. 우리는 진정으로 영광스러운 단 하나의 영광인 하나님의 영광을 추구하면서 살도록, 그 영광에 사로잡히도록, 그 영광의 일부가 되도록, 그 영광을 경험하도록 지음받았다. 이 영광을 구하는 일이 쉽사리 충족되지는 않지만, 우리는 이것을 삶의 나침반으로 삼아야 한다.

창세기 1장에서 하나님은 아담과 하와가 첫 숨을 쉬는 순간에 등장하신다. 그곳에서 그들에게 충성을 명령하신다. 그곳에서 아담과 하와가 생각하고, 바라고, 말하고, 행동하는 모든 것의 중심이 되신다. 그렇게 하나님이 중심이 되시자, 그들의 삶은 초월적인 의미와 목적을 지니게 된다. 이것이 의미하는 바는 다음과 같다.

모든 인간이 추구하는(그 사람이 알든 모르든) 초월적인 영광은 어떤 물건이 아니다. 그것은 인격이고, 그 인격의 이름은 '하나님'이다.

사람들은 그분을 위해 창조되었기 때문에 초월적이다. 그분과 연합하고 다른 모든 영광이 그분의 영광에 복종할 때, 비로소 우리는 '더 높고 더 나은' 삶을 발견하게 된다. 하나님께서 아담과 하와의 삶에 즉각적으로 함께하신 것은 궁극적인 초월로의 부르심이다. 그들은 영광이신 그분을 위해 살아야 한다. 집중해야 할 영광의 규모를 개인적인 삶이라는 협소한 영광으로 축소해서는 안 된다.

직분의 영광

하나님께서 매우 정성스럽게 세상을 창조하신 후 그것을 사람들의 손에 맡기시는 이야기를 읽으면 무척 놀랍다. 하나님은 아담과 하와에게 하나님이 만드신 모든 것을 선하고 충성스럽게 지키는 책임을 주셨다. 결과적으로 그들은 하나님의 '거주지 관리인'으로 세워졌다. 그것은 그들이 목표로 하는 비전이 하나님께서 만드신 우주만큼 넓어야 한다는 의미였다. 다시 말해 그들은 자신을 돌보는 것 이상을 하도록 지음받았다.

또한 그들은 하나님께서 그분의 영광을 반사하도록 만드신 수많은 놀라운 것들을 보살피는 사명을 받았다. 인간이 주변 창조세계를 다스리고 관리하면서 하나님의 영광을 드러낼 때 인간의 초월성이 드러난다. 창조된 질서를 운영하라는 이러한 부르심은 초월에 대한 신적 부르심이었다. 보호 대상을 자기 자신으로만 축소하지 않는 것이 아담과 하와의 사명이었다.

공동체의 영광

우리는 관계를 맺도록 지음받았다. 하나님은 아담을 혼자 살게 하지 않으셨다. 아담이 아담의 가장 친한 친구가 되게 하지 않으셨다. 아담과 하와가 함께 공동체를 이루어 살아가도록 하셨고, 이것이 거대한 인간 상호 관계망의 시작이었다. 이 관계망이 사람들의 삶의 초점과 에너지를 많은 부분 규정하게 된다.

인간의 삶은 독립적이고 자치적이고 자기 충족적인 협소한 영광을 초월하도록 만들어졌다. **우리는 겸손히 서로 의지하는 공동체를 늘 추구하며 살도록 지음받았다.** 우리는 서로가 필요하도록 만들어졌고, 이 공동체에는 이웃, 가족, 친구, 교회, 도시, 국가, 민족, 자매, 형제, 부모, 배우자를 비롯한 다양한 이웃이 포함된다. 매일 관계 맺는 이 관계망은 우리를 고립과 단절로부터 벗어나 이기적이고 개인적인 것에 집중할 때는 결코 얻을 수 없는 공동체의 영광을 경험하게 해준다.

하나님은 아담과 하와를 만드신 후 세계로 뻗어나가고, 세대로 이어지고, 역사를 아우르는 공동체의 초월적인 영광으로 그들을 즉시 부르셨다. 이 공동체에 대한 헌신이 날마다 그들이 삶으로 집중해야 하는 것이었다. 하나님께서 아담과 하와를 즉각적으로 공동체로 엮으신 것은 초월에 대한 부르심이었다. 즉 한 사람으로 이루어진 기능적인 공동체로 그들의 공동체를 축소시키지 말라는 명령이었다.

진리의 영광

하나님은 아담과 하와를 만드시자마자 다른 피조물에게는 하지 않았던 일을 행하셨다. 바로 그들과 이야기를 하신 것이다. 이 평범한 순간이 바로 초월의 순간이었다! 우주의 주이자 왕이신 창조주가 그가 만드신 사람의 귀에 신적 지혜의 비밀을 말씀하셨다. 이를 통해 하나님이 의도하신 것은 아담과 하와가 그들 자신의 생각과 해석과 경험의 한계를 넘어서야 한다는 것이었다. 그들은 오직 창조주만 가질 수 있는 전체를 보는 관점(origin to destiny)으로 살아가야 했다.

하나님은 아담과 하와에게 의사소통 능력을 주었다. 그들이 하나님의 계시를 받기 위해 필요한 것이었다. 하나님께서 그들에게 영광스러운 진리를 점진적으로 열어 보이신 것은 그들이 깨닫고, 그 진리를 따라 생각하고, 소망하고, 결단하고, 행동하게 하기 위해서였다. 아담과 하와의 삶이 다른 피조물과 구별된 것은 하나님께서 그들에게만 영광스러운 진리를 열어 보이셨기 때문이다. 그들 스스로는 하나님이 말씀하시는 것을 결코 알 수 없었다. 이처럼 귀중한 지혜는 오직 아담과 하와만 알 수 있었다. 하나님께서 그들에게 드러내기로 작정하셨기 때문이다.

하나님의 말씀에는 그분에 대한 지식과 삶의 의미와 목적, 삶에 필요한 도덕적 틀, 인간의 근본 정체성, 인간이 받은 사명, 인간이 공동체로 부름받았다는 사실, 하나님을 예배하는 자리에 서야 한다는 진리가 담겨 있다. 아담과 하와는 자신들이 경험을 통해 얻은 결론이나 자연적으로 알게 된 개념만으로 살아갈 수 없도록 창조되었다. 모든 생각은 하나님께서 인내하시며 점진적으로 그들에게 나누어주실 진리의 영광에 의해 형성되도록 되어 있었다. 하나님이 에덴동산에서 행하신 평범해 보이는 행동은 사실 초월에 대한 부르심이었다. '더 높고 더 나은' 삶을 살라는 요구였다. 그들의 생각을 그들 자신의 규모로 축소시키지 말라는 명령이었다.

현실은 어떠한가?

아마도 책을 읽으며 이런 생각이 들었을 것이다. "목사님 말씀이 아주 흥미롭네요. 하지만 저는 지금 여기서 현실을 살고 있어요. 예를 들어 화요일이 되면 우리 십대 아이와 함께 학교에 가서 성적이 너무 떨어진 것에 대해 상담을 받아야 하고, 오후에는 오해가 생긴 친구를 만나야 하고, 저녁에는 남편과 재정 문제를 의논해야 해요. 정말 직면하고 싶지 않은 수많은 실생활의 문제들이 산적해 있어요. 그러니 어떻게 초월할 시간이 있겠어요!"

하지만 좀 더 들어보라. 이것이 이 책의 요지가 아니다. **타락한 세상에는 우리 삶의 규모를 현실적인 일들로 축소시키려는 강력한 압박이 있다.** 우리가 누구이고 왜 창조되었는지 잊게 만들려는 엄청난 도전들이 있다. 근시안적으로 쉽게 미혹되는 경향이 있다. 우리는 더 나은 삶을 살도록 지음받았음에도 열등한 상태로 안주하려는 경향이 있다. 모든 삶에 방향을 제시하는 광대하고 영광스럽고 영원한 무언가가 있는데, 그것을 보지 못하게 되면서 우리 인간성 자체를 부인하는 셈이 되었다.

알다시피 화요일에 해야 할 일들은 필요하고 중요한 것들이다. 이 책은 그것을 잊어버리고 다른 뭔가를 하라고 요구하는 것이 아니다. 그런 일들을 완전히 새로운 방식으로 하라는 요구다. 하나님께서 나를 세우신 그곳에서 내가 목적으로 삼아야 할 초월적인 영광을 받아들이는 삶의 방식에 관한 책이다. 내 인생, 내 가족, 내 일로 이루어진 왕국보다 훨씬 큰 왕국을 위해 살아가는 것에 대한 이야기다.

그렇다면 어디서 더 큰 왕국을 위해 살아야 하는가? 바로 내 인생, 내

가족, 내 일 속에서다! 이 책은 당신이 지금까지 해오던 모든 일을 그만두고 완전히 새로운 일을 시작하게 하려고 쓴 책이 아니다. 오히려 하나님의 영광만큼 넓고 깊은 비전으로 하나님께 받은 사명을 감당하라고 요청하고자 한다.

이 책은 더 크게 계획을 세우고, 더 크게 살아가라고 요청한다. 하나님의 영광, 공동체의 영광, 직분의 영광, 진리의 영광이 당신이 사명을 감당하는 방식을 바꾸도록 격려하는 책이다. 당신의 인간성은 오직 하나님 안에서만 발견되는 초월적인 영광과 연결될 때만 진정으로 살아있을 수 있음을 기억하고 확신하라고 격려하는 책이다.

이 모든 것이 무슨 의미인지 확신이 가지 않는가? 실제로 어떻게 사는 것을 말하는지 잘 모르겠는가? 정말로 중요하고 차별된 삶을 살고 싶은가? 그렇다면 시간을 들여 계속 이 책을 읽어보라.

현재
삶의 가장 큰 목적이
무엇인가?

덜 중요한 것에
안주하려 했는가?

2

정말 중요한 일에 헌신하라

가식 속일 의도로 하는 거짓 모습이나 행동

죄로 인해 우리는
더 나은 삶에 대해 말하면서
덜 중요한 것에 안주한다

그때도 한편으로는 사소하고 그다지 중요한 일은 아니었지만 다른 관점에서 보면 매우 중요한 어떤 것의 표징이 되는 순간이었다. 우리는 어딘가로 가고 있었다. 내가 눈이 안 좋아서 밤에는 종종 아내인 루엘라가 운전을 한다. 운전하고 있는 루엘라에게 내가 이렇게 말했다.

"저기서 방향을 틀고 싶지 않았어?"

내가 운전했다면 방향을 틀었을 장소를 지날 때였다.

"그리로 가면 너무 오래 걸려요."

루엘라가 대답했다.

"두 지점 사이의 최단 거리는 직선이야."

내가 상기시켜 주었다.

"그러니까 거기서 방향을 안 튼 거예요!"

"아니야. 그리로 가야 직선이지!"

"그냥 좀 쉬면서 운전은 나한테 맡기면 안 돼요?"

"당신 방향 감각을 믿을 수 없으니까 그렇지!"

"그럼 이렇게 해요. 당신이 운전할 때는 당신이 길을 결정하고, 내가 운전할 때는 내가 길을 결정하는 거예요."

"하지만 당신이 길을 잘못 들면 어떻게 해?"

"잘못 가고 잘 가고의 문제가 아니에요. 그저 선호도의 문제라고요."

그때 나는 (말로 하지는 않았지만) '내 선호도가 옳아!'라고 생각했다. 하지만 입으로는 이렇게 말했다. "헬리콥터가 있다면 그걸 타고 길 전체를 보여 줄 수 있을 텐데. 그럼 당신이 내가 무슨 말을 하는지 알 거야."

루엘라가 대답했다. "내 생각에 지금 당신에게 필요한 건 헬리콥터가 아닌 것 같아요!"

분노가 폭발할 정도로 격한 상황은 아니었지만 그 이면을 한번 들여다 볼 필요가 있다. 이 대화는 타락한 인간이 정말로 중요한 것에 관심을 집중하는 것이 얼마나 어려운지 보여준다.

사람은 감정이 격해지면 삶의 사소한 문제를 마치 중요한 일처럼 다루는 경향이 강하다. **초월적인 가치를 가진 것들은 잊어버린 채 아주 사소한 것을 놓고 목숨을 걸듯 싸우는 것이다.**

엄마들은 화가 나면 아들의 방이 어질러진 상태를 너무나 중요하게 생각한다. 하나님께서 엄마를 통해 아들이 공동체를 경험하기 원하시는데, 엄마는 그 순간 그것보다 아들의 방이 어지럽다는 사실을 더 중요하게 여긴다.

믿는 자도 이웃과 정원의 경계를 두고 몇 달 동안 실랑이를 벌이다보면 이웃에게 빛과 소금이 되는 것이 얼마나 중요한지 까마득히 잊어버린 채 자기 정원에 꽃을 얼마나 더 심을 수 있느냐에 목숨을 건다.

또 마음의 상태보다는 새로 산 차의 모습과 냄새를 맡으며 복된 삶을 산다고 느끼는 경우도 있다. 은혜로우시고 용서하시고 양자 삼아주시는 하늘 아버지의 사랑보다도 다른 인간의 감사와 사랑이 더 중요하다고 느끼는 순간도 많다.

생명의 양식이 되시는 예수님으로 인해 영혼이 만족하는 것보다 육즙이 흐르는 스테이크가 더 중요하다고 생각할 때도 있다.

여자 몸매의 아름다움이 정결한 마음이나 오랜 기간 지속되는 부부관계보다 더 중요하다고 생각될 때도 있다.

나도 그날 밤 차 안에서 하나님 보시기에 옳게 사는 것보다 아내의 눈에 옳게 보이는 것을 더 중요하게 여기고 있었다.

인간이 진정한 영광에 참여하기란 참으로 어렵다. 주변에 보이는 모든 피조물의 '영광들'을 걷어내고 하나님의 초월적인 영광을 본다는 것은 매우 어려운 일이다. 정말로 중요한 것을 기억하고 그것으로 동기 부여를 받는 것도 너무나 어렵다. 자기만의 작은 왕국에 너무 몰두해 있어서 하나님의 초월적인 왕국이 거의 영향을 미치지 못한다.

우리는 사실 치열한 전쟁 중에 있다. 우리 마음은 날마다 전쟁터다. 그날 밤 차 안에서 내게도 그런 전쟁이 벌어지고 있었다.

우리는 날마다 이런 일을 겪는다. 우리가 창조된 목적인 초월적인 영광보다 덜 중요한 것에 안주하려 할 때 우리는 반복해서 우리 인간성을 부인하게 된다.

정말 중요한 것을 실제로 우리에게 중요한 것으로 받아들이기가 몹시 힘들다. 아담과 하와도 이 문제에 빠지는 데 그리 오랜 시간이 걸리지 않았다.

에덴동산에서 일어난 일

에덴동산에서 인간의 운명을 결정할 뱀과 하와의 대화가 이루어질 때 뱀이 정확히 뭐라고 제안했는지 생각해보았는가?

뱀이 하와에게 제안한 것은 '더 나은' 것이었다. 뱀이 하와에게 제안한 것은 초월이었지만 거기에는 치명적인 결함이 있었다. 그 초월은 하나님과 연결되어 있지 않았다. '더 높고 더 나은' 영광을 제안했지만, 그것은 하나님 안에서만 발견할 수 있는 초월적인 영광의 대체물이었다.

"하나님처럼 될 것이라"는 뱀의 말이 갖는 엄청난 함축적 의미에 주목해보라.

"하와, 알겠지만 네가 경험해본 것보다 더 위대하고 더 만족스러운 영광이 있어. 너의 삶은 지금보다 훨씬 더, 더 중요해질 수 있어. 하와, 넌 모든 걸 가질 수 있어. 하나님이 정한 좁은 경계를 벗어나려고 마음먹으면 더 이상 하나님께 연결되어 있지 않아도 돼. 왜냐면 네가 하나님처럼 될 테니까."

대적의 속이는 이 말은 더 위대한 초월을 줄 것처럼 보이지만, 사실은 초월을 급격하게 축소시키고 있다. 뱀이 제시하는 영광은 전혀 영광이 아니다. 달리 말하면 내가 나 중심의 '더 나은' 것을 선택할 때, 실제로 얻는 것은 훨씬, 훨씬 덜 중요한 것이라는 말이다.

사탄이 말한 핵심은 이것이다.

"하와, 넌 하나님 나라보다 더 위대하고 더 만족을 주는 나라를 위해 살 수 있어. 이거 하나만 하면 네가 중심이 되고 아무도 너의 통치를 넘보지 못하는 그런 나라를 가질 수 있어."

예수님이 이 땅에서 사역을 시작하실 때 사탄이 제안했던 내용과 똑같다(마 4:8-11 참조). 창세기의 기록은 인류 역사상 처음으로 인간이 자신의 삶을 자기 자신으로 축소시키는 이야기다. 우리는 지금까지 그 대가를 치르고 있다.

중고차 판매

나는 중고차 판매원의 이야기 듣는 것을 좋아한다. 모든 중고차 판매원이 그런 것은 아니겠지만 그들의 말재간에서 배울 것이 있다. 그들은 좋은 점은 부각시키고, 부정적인 면은 축소시키고, 그럴듯한 거짓말을 둘러대어 차를 판다.

구매자가 자동차 앞으로 가면 판매원은 즉시 이렇게 말한다. "타보면 아시겠지만 이 차는 음향 시스템이 아주 잘되어 있습니다. 그리고 이 의자에 한번 앉아보십시오. 50가지 이상의 다른 자세가 가능합니다."

이런 식으로 판매원은 그 차의 장점 두어 가지를 과장하여 설명하면서 차의 엔진이나 변속기에 대해서는 생각하지 못하게 만든다. 부정적인 생각을 못하도록 차단한다.

"도시에서 타기에 아주 안성맞춤입니다." 이 말은 차가 매우 작아서 짐을 많이 실을 수 없다는 의미다. 또 이렇게 덧붙인다. "젊은 부부가 타기에도 제격입니다." 이 말은 뒷좌석이 작아서 보통 덩치의 어른이 타기에는 불편할 거라는 의미다.

그런 다음 판매원은 설득력 있는 거짓말로 말을 맺는다. "경제적으로도 별 부담 없을 겁니다." 이 말은 아마도 "당신은 이 차를 살 경제적 능력이 안 되지만 우리가 재정 상태를 조작해서 살 수 있게 해드리겠습니다."라는 의미일 것이다.

우리 대적 사탄도 이런 계략을 쓴다. 좋은 점은 부각시키고 불리한 것은 빼버리고 그럴듯하게 거짓말한다. 유혹하는 기술이다. 거짓 영광과 거짓 초월이 쓰는 방법이다. 교활한 방법이지만 매번 우리를 낚는 데 성공한다.

알다시피 우리 영혼의 대적은 우리가 초월을 위해 창조되었음을 안다. 그도 우리가 우리 자신의 생존과 즐거움이라는 작은 영광들보다 더 영광스러운 것에 늘 연결되어 있도록 창조되었음을 안다.

인간은 모두 더 나은 삶을 갈망한다는 것을 그도 알기에, 우리에게 하찮은 것을 주면서 마치 그것이 더 나은 것처럼 보이게 만드는 방법을 사용한다.

에덴동산에서 사탄이 제안한 "하나님처럼 될 것이라"는 말은 정말로 더 나은 삶을 주려는 진실한 초청이 아니었다.

오히려 더 하찮은 것으로 이끌려는 속임수였다. 그것은 더 영광스러운 인간이 되라는 초청이 아니라 아담과 하와로 하여금 그들의 진정한 인간성의 근간을 거부하게 만드는 말이었다. 그들의 인간성은 하나님의 영광에 연결되어 있었기에 하나님께 불순종하는 것으로 더 위대한 영광을 얻지 못하는 것이 당연했다.

오래된 속임수

매일 이런저런 다양한 방법으로 우리는 언제나 오래된 속임수에 걸려든다. 우리는 초월을 위해 창조되었음을 망각한 채 훨씬 하찮은 것들을 마치 중요한 것인 양 여긴다.

그 대가는 아담과 하와가 치른 것만큼이나 엄청나다. 아담과 하와는 발가벗은 채 죄책감에 싸이고 당황하여 하나님의 낯을 피해 동산 수풀에 숨었다.

남자들은 아버지가 됨으로써 인간의 영혼을 자라게 하시는 하나님의 역사에 동참하는 초월적인 영광을 망각한다. 그리고 그 자리를 직업적 성공이라는 영광으로 대체한다.

그의 인생은 점점 더 일에 잠식당하고 규정된다. 아버지로서 자식에게 줄 수 있는 공동체를 형성하는 목적을 잃어버리게 된다. 슬프게도 자식은 더 이상 그가 살아가는 즐거운 목적이 되지 못하고, 이미 꽉 채워진 스케줄에 하나 더 추가된 의무가 되어버린다. 자식들도 점점 더 아버지를 알지 못하게 되고, 존경하지도 않고, 신뢰하지도 않고, 아버지의 사랑을 느끼지도 못하게 된다.

청년들은 구원자의 임재와 능력과 은혜 안에 뿌리내린 정체성을 가질 때 초월적인 영광을 누리게 된다는 것을 망각한다. 대신 친구들의 인정이라는 가짜 영광을 위해 살아간다. 친구들의 언어를 그대로 따라 하고, 친구들의 패션을 따라 하고, 친구들의 농담에 깔깔거리고, 심지어 양심에 걸리는 일에도 동참하게 된다. 이 모든 것은 친구들의 '인정'이 필요하다고 스스로 확신하고 있기 때문이다.

물론 이런 생활에도 초월을 느끼는 순간이 있을 수 있다. 자신보다 큰 어떤 것에 연결되어 있어서 자신의 삶이 진정한 의미와 목적을 갖게 되었다고 느낄 수도 있다.

그러나 슬픈 사실은 그들이 연결되려는 대상이 훨씬 덜 중요한 것이라는 점이다. 하나님을 사랑하고 예배하고 날마다 동행할 때 갖게 되는 초월적인 영광 대신 동료들로 이루어진 공동체를 택한다. 안타깝게도 그들이 동료들에게 받아들여짐으로써 발견하게 될 거라고 소망하는 것들은 인간이 줄 수 있는 것들이 아니다. 그것은 오직 우리를 용납하시는 하나님의 은혜 안에서만 발견할 수 있다.

이 외에도 수많은 사소한 순간에 우리는 덜 중요한 것을 위해 안주할 수 있다. 남에게 인정받는 것을 친절을 베푸는 것보다 더 중시하고, 섬김 받는 것을 섬기는 기쁨보다 더 중시하고, 인격보다 권력을 더 중시하고, 영적 축복보다 소유를 더 좋은 것으로 여기고, 자기 마음대로 할 수 있는 한순간을 오랫동안 서로 의존해온 공동체보다 더 중시할 수 있다. 심지어 마지막 쿠키를 먹는 것이 인간이 상호 간에 나누어야 할 사랑보다 더 중요한 것이 될 수 있다.

대적이 어떻게든 당신을 속여서 당신의 삶이 개인적으로 꿈꾸고, 원하고, 필요로 하는 크기만큼으로 축소된다면, 그것이 바로 대적이 원하던 바다. 대적이 당신을 유혹하여 당신이 창조된 목적인 하나님 중심의 더 나은 삶을 버리고 타락한 세상에서 우리 앞에 어른거리는 수없이 많은 나 중심의 '더 나은 것'들을 택하게 할 때마다 대적이 승리하는 것이다. 대적의 거짓말은 이런 식이다. "너를 중심으로 살아갈 때 초월을 찾게 될 거야."

아마도 이렇게 말하는 사람이 있을 것이다. "목사님, 저도 성경을 꽤 잘 알고 있어서 그런 거짓말쯤은 분별할 수 있어요!" 그럴지 모른다. 그러나 앞에서 말한 싸움은 건전한 신학을 가지고 교회 프로그램에 정기적으로 참여하는 사람들 안에서도 매우 빈번하게 일어난다. 성경에 대해 알고 교회 모임에도 정기적으로 참석하지만, 우리가 창조된 목적인 초월보다 훨씬 덜 중요한 것들을 위해 매일의 삶에 안주하며 살아가는 경우가 너무나 많다.

무슨 옷을 입을지, 뭘 먹을지, 일정을 어떻게 잡을지, 일이 많은지 적은지, 집은 어디에 구할지, 교통수단은 뭐로 할지, 날씨는 어떤지, 옳은지 그른지, 인정을 받는지 아닌지, 돈, 집, 취직, 정원, 식구들 방 배정, 성생활, 여가, 화장실을 누가 먼저 쓸지, 신문을 누가 어떻게 했는지, 마지막 시리얼을 누가 먹었는지 등이 어느 순간 영적으로 위험한 수준까지 중요한 일이 되어버린다. 날마다 살아가는 일상에서 벌어지는 일들이다. 하루는 24시간이라는 순간이 모여 이루어진다. 하루하루, 한 주 한 주, 한 해 한 해, 이런 작은 순간들이 모여 한 사람의 일생을 형성한다.

매 순간 이런 사소한 일들을 위해 치열하게 싸우며 살아간다면 피조물이 갖는 일시적인 그림자 영광을 위해 초월을 저버리는 꼴이 된다. 일시적으로 얻는 만족과 기쁨은 지속되지 않을 것이다. 이런 것은 영적 균열과 같아서 즉각적인 감정적, 혹은 영적 흥분을 주지만 곧 다시 허해져 또 다른 흥분을 찾게 만든다.

이것은 하나님의 사람들이 늘 싸워온 싸움이다. 광야에 있던 이스라엘 백성을 생각해보라. 그들이 왜 애굽으로 돌아가고 싶어 했는가? 음식 때문이다!(민 11장 참조)

그들은 '만나'라는 밋밋한 음식에 싫증을 냈다. 잠시 이에 대해 생각해보자. 하나님이 주신 음식의 맛 때문에 이스라엘 백성은 자신들이 노예로 살던 애굽이 죽음의 땅이 아닌 더 좋은 음식을 먹었던 곳으로 기억할 정도로 음식을 중요하게 여겼다.

시내산 아래에서 이스라엘 백성이 가증스러운 우상 숭배의 죄악을 짓도록 촉발한 것이 무엇인지 생각해보라. 여행 일정 때문 아니었는가?(출 32:1 참조)

모세가 산에서 너무 오래 내려오지 않고 있었다. 이스라엘 백성들은 조급해졌고 이렇게 말했다. "모세가 너무 오랫동안 오지 않아서 우리는 그가 어찌 되었는지 알지 못합니다. 그러니 우리를 인도할 신을 만듭시다." 일정이 중요한가? 지도자가 잠시 자리를 비웠을 때 그에게 무슨 일이 일어났는지 궁금해하는 것이 합당한가? 물론 그렇다! 그러나 이러한 관심이 합당한 수준 이상으로 근본적으로 더 중요해지는 것이 문제다. 이렇게 될 때, 그와 같이 과도한 관심이 사람들의 관점을 왜곡시키고 그들을 영적으로 위험하게 만든다.

또 그리스도가 잡히시기 직전 다락방에 모여 있던 제자들을 생각해보라. 예수님은 메시아, 제사장, 어린양으로서 그들과 함께 앉아계셨다. 이제 곧 희생당하실 예수님은 제자들에게 새 언약을 가르쳐주신다. 그 순간은 더할 나위 없이 구속적으로 중요한 순간이었다.

그러나 누가는 이렇게 거룩하고 고귀한 드라마가 펼쳐지던 그 순간에 제자들이 누가 더 큰지 다투었다고 전한다(눅 22:24-30 참조).

지위, 권력, 인정 같은 것이 조금도 중요하지 않다는 것인가? 그렇지 않다. 하지만 그것이 하나님 나라에 받아들여지는 것보다, 우주의 통치자와 함께 식사하는 것보다, 그분과 함께 통치하게 되는 것보다 더 중요하게 여겨진다면 뭔가 한참 잘못된 것이다. 그 순간 제자들은 개인적인 지위와 권세라는 거짓 영광을 위해 하나님 나라의 초월적인 영광을 저버리고 있었다.

갈라디아에서 베드로가 한 일을 생각해보라. 베드로는 자신이 전해야 할 자유를 주시는 복음의 초월적인 영광보다 몇몇 유대인에 대한 두려움을 더 중요하게 여겼다(갈 2:11-14 참조). 다른 사람들이 나를 어떻게 생각하는지, 혹은 다른 사람들이 나를 반대할 때 무슨 일이 일어날지에 대한 근심을 너무 중요하게 생각한 나머지 삶을 변화시키는 은혜의 복음이 갖는 거대하고 초월적인 영광을 위해 행동하지 못했다.

그렇다면 당신은 초월에 대해 어떻게 행동하고 있는가? 당신이 구하고 있는 '더 나은' 것은 무엇인가?

지난 몇 주를 한번 돌아보라. 무엇에 따라 결정하고 행동했는가? 바른 신학을 갖고 있고, 신앙 모임에도 충실히 나가고, 교회 사역에도 열심을 냈지만 당신의 삶이 초월을 축소시키지는 않았는가? '덜 중요한 것'을 위해 '더 나은 것'을 버리지는 않았는가? 무엇이 옳은지 알면서도 본래의 진정한 인간성을 거부한 채 너무나 하찮은 것에 안주하고 있었던 것은 아닌가? **진정한 인간성은 늘 영광과 연결되어 있고, 진정한 영광은 영광 자체이신 주님 안에서만 발견될 수 있다.**

우리는 일상의 수많은 순간들 속에서 삶에 대한 근심으로 인해 삶의 크기를 축소시키고자 하는 유혹을 받는다. 복음의 영광스러운 부르심과 영광스러운 약속들보다 좀 더 나은 결혼생활을 하고, 좀 더 아이들을 잘 기르고, 좀 더 직장에서 성공하는 것에 더 열을 낸다.

이런 일들도 모두 하나님이 주신 것인가? 물론 그렇다. 하지만 하나님은 그것들보다 훨씬 중요한 것으로 우리를 부르신다. 하나님은 우리가 하나님의 영광 안에서 영광을 찾기 원하시고, 그렇게 함으로써 공동체의 영광, 직분의 영광, 진리의 영광에 헌신하기 원하신다.

창세기 1장이 초월로의 부르심이라면, 창세기 3장은 초월이 축소되는 비극을 보여준다.

아담과 하와의 삶은 하나님의 나라와 그분의 영광만큼 넓어져야 했다. 그러나 그 재앙의 순간에 그들은 자신들의 삶의 경계를 확장하지 못했다. 오히려 경계를 극단적으로 축소시켜 버렸다. 초월적인 인간은 수직적으로 '더 나은' 삶을 살도록 창조되었는데, 그만 수평적인 '더 나은' 삶으로 대체하고 말았다. **그 한 번의 비극으로 아담과 하와는 자신들을 중심으로 하는 세상으로 옮겨가게 되었다. 그곳은 영광에 이끌리는 인간이 절대 살아서는 안 되는 유일한 곳이다.**

그들은 단순히 독립을 선택한 것이 아니었다. 그들은 스스로 하나님 자리에 섰고, 그렇게 함으로써 하나님과의 관계를 통해 얻을 수 있는 초월적 영광에 참여할 기회마저 버린 셈이 되었다.

이것이 바로 하나님께서 그 아들을 구원자로 이 땅에 보내신 이유다. 그분은 우리를 우리 자신으로부터 구해내어 하나님의 초월에 다시 참여시키시기 위해 오셨다.

그분이 우리를 양자 삼으셔서, 우리는 우리가 행하는 모든 것의 중심이 되는 하나님의 영광을 회복하게 되었다. 우리는 그분의 교회 안에서 공동체의 영광을 회복하게 되었고, 공동체에 참여하도록 창조되었다. 우리를 우상 숭배에서 벗어나게 하여, 즉 피조물에게 지배당하지 않게 하여 우리는 우리의 사명인 피조물을 섬기는 직분의 영광을 회복하게 되었다. 그분의 내주하시는 성령의 사역 안에서, 성경을 통해, 우리는 진리의 영광을 회복하게 되었다. 아담이 창조된 이래로 모든 인간은 이 진리를 통해 모든 것을 해석해야 한다. 그분이 하시는 일은 아주 매력적인 구속 사역이다!

그러나 창조되고 재창조된 하나님의 자녀가 이러한 초월적 영광을 누리며 사는 법을 배우는 것은 일회적인 사건이 아니라 계속되는 과정임을 기억해야 한다.

우리는 모두 과정 중에 있다. 어떤 때는 이 영광을 누리며 살다가 종종 잊어버리기도 한다. 어떤 때는 믿음과 소망과 용기를 가지고 행동한다. 어떤 때는 '더 나은' 삶을 위해 잘 버티며 '덜 중요한' 삶에 안주하라는 속임을 거부한다. 진정한 인간이 되는 것보다 덜 중요한 것을 위해서 안주하지 않으려 할 때도 있다.

하지만 어떤 때는 미끼를 물고 덜 중요한 것을 마치 더 중요한 것인 양 따르기도 한다. **은혜로 영광에 이르도록 우리의 경계가 넓혀졌는데도, 여전히 우리 삶의 경계를 자신만의 삶으로 축소시킬 때도 있다.**

잠시 멈춰 서서 자신을 돌아보면 그 싸움의 증거들이 보일 것이다.

가족이나 친구들의 관계 속에도 싸움의 증거들이 있다. 여가 시간을 보낼 때도 싸움의 증거들이 있다. 사회적 지위, 소유, 권력을 대하는 태도 안에도 싸움의 증거들이 보인다. 심지어 그리스도의 몸에 참여할 때도 그러한 싸움의 증거가 보인다.

따라서 이 책은 그러한 싸움을 잘하도록 돕기 위해 쓴 것이다. 더 나은 삶을 산다는 것이 무슨 의미인지 확실히 알 수 있도록 돕고자 한다. 정말로 구별되는 삶을 살도록 돕고자 한다. 우리는 모두 초월적인 영광을 위해 살도록 지음받았다. 삶의 가장 큰 질문은 '매일 어떤 영광을 구하며 살 것인가?'이다.

당신의 관심을 끌기 쉬운
'덜 중요한' 것은
무엇인가?

하나님이 되려고
했던 적이 있는가?

3

죄가 일으킨 대참사를 기억하라

자율 독립적이고 자유롭고 자발적인 상태, 혹은 자질

> 죄가 모든 것을 손상시켰기 때문에
> 하나님은 우리가 모든 것에
> 관심을 기울이기 원하신다

그것은 우리에게 늘 공포의 순간이었다. 엄마가 계단을 올라오시는 소리가 들릴 때면 우리는 그 이유를 알고 있었다. 방이 잘 정돈되고 깨끗한지 보러 오시는 거였다. 그러면 우리는 재빨리 방을 청소했다. 하지만 늘 허사였다. 엄마가 오시기 전에 방을 제대로 해놓는 건 불가능했다. 방은 너무 엉망이었고 시간은 너무 짧았다.

엄마가 방으로 들어오실 때면 동생 마크와 나는 산더미 같은 물건을 침대 밑으로 집어넣느라 정신이 없었다. 이번만은 엄마가 속기를 바라면서 말이다. 하지만 엄마는 한 번도 속으신 적이 없다. 엉망진창인 방과 침대 밑으로 물건들을 쑤셔 넣는 우리를 보며 엄마가 늘 하시던 말이 있었는데, 우리는 그 말이 정말 듣기 싫었다. "이 방은 총체적인 재앙이구나!" 그 말은 방이 합당한 상태로 완전히 회복될 때까지 그곳을 떠날 수 없음을 의미했다.

아담과 하와가 하나님이 중심된 초월을 저버리고 사탄이 제시한 거짓 희망인 나 중심의 초월을 택했을 때의 결과는 그야말로 총체적인 재앙이었다. 우리는 지금도 매일의 삶에서 그 재앙의 결과들을 경험하고 있다. 에덴동산에서 일어난 일이 인류 역사의 가장 핵심적인 대참사다. 그 중요성이 얼마나 큰지 아무리 과장해도 지나치지 않다.

그 재앙이 얼마나 컸는지(그리고 지금도 얼마나 큰지) 말해보겠다. **아담과 하와가 죄에 빠졌을 때 온 우주가 함께 죄에 빠지게 되었다.** 예외가 없다. 피할 곳이 없다. 그 영향력으로부터 자유로운 곳이 없고, 그 파괴력으로부터 안전한 곳이 한 곳도 없다. 불순종으로 인해 영광을 잃어버린 그 순간에 죄가 온 우주를 망가뜨렸다. 총체적인 재앙이었다.

숨이 멎을 만큼 아름다운 것

하나님이 만드신 세상과 그 안에 두신 모든 것 안에서 드러나는 하나님의 창조적인 예술성은 매우 매력적이고 숨이 멎을 만큼 아름다웠다.

언덕에는 온갖 꽃들이 뒤덮여 있었고, 이파리를 갉아먹는 바구미도 없고, 만개를 방해하는 진드기도 없었다. 흙은 생명을 풍요롭게 하는 영양 성분들로 가득했고, 가시나 엉겅퀴, 잡초들은 찾아볼 수 없었다.

나무에는 탐스럽고 달고 육즙이 가득한 과일들이 주렁주렁 열렸다. 전염병이나 오염물질은 전혀 없었다. 애쓰고 수고하지 않아도 자연은 풍성히 자라나 산물을 냈다. 어디를 보든 오염되지 않은 자연스러운 아름다움이 있었다. 말 그대로 온 땅이 풍요로웠다.

동물들은 포식자를 두려워하거나 질병과 싸울 필요 없이 뛰놀고 먹고 짝짓기를 하며 번식했다. 동물들의 왕국은 놀라울 정도로 다채로운 아름다움이 있었고 모두가 평화롭게 공존했다.

사람들은 즐거워하며 두려움도 없고 부끄러움도 없이 서로 공동체를 이루며 살았다.

빼앗는 것도, 거짓말하는 것도, 속이는 것도, 거친 말도, 난폭한 행동도, 복수도, 성적 타락도, 깨진 가정도, 부패한 정부도 없었다. 우울, 걱정, 정체성의 혼란, 아무것도 못하게 만드는 후회, 분노, 시기, 강박, 중독, 두려움, 죄의식, 외로움, 절망, 의심과 싸우는 사람도 없었다. 몸이 다치고 병에 걸리고 나이가 들어 고통을 받는 사람도 없었다. 병원에서 밤새 간호를 하거나 죽는 사람을 보는 일도 없었다. 용서를 구해야 하는 사람도 없었고 애써 용서해야 할 사람도 없었다. 결혼생활에 실망할 일도, 해고당할 일도 없었다.

또한 하나님께 진심 어리고 사랑이 담긴 순종의 예배를 드리며 살았다. 그들은 창조주를 예배했고 피조세계를 잘 관리했다. 피조물을 경배하거나 창조주를 다루려는 시도를 하지 않았다. 하나님의 선하심을 신뢰했고, 하나님의 진노에 대한 두려움도 없었다. 확연히 드러나는 반역도 없었고, 미묘한 불순종도 없었다.

그들은 창조주의 말씀에 순종했고, 그분의 지혜에 귀를 기울였다. 타락하게 만드는 우상도 없었고, 믿음의 체계를 가지고 서로 다툴 일도 없었다. 하나님께 화를 내는 사람도 없었고, 하나님도 자신이 만든 사람들에게 화를 내실 이유가 없었다. 사람들은 하나님의 영광을 사랑했고, 절대 자신들의 영광을 위해 살지 않았다.

어떤 식으로 생각하거나 상상하든, **하나님이 만드신 그대로의 세상은 비교 불가의 평화롭고 아름다운 곳이었다.** 세상은 무에서 유를 창조한 하나님의 초월적인 영광을 온전히 드러내는 그런 곳이었다. 하나님의 창조적 위엄이 전혀 오염되지 않고, 방해받지 않고, 그대로 드러났다. 장미의 강렬한 빨간색, 물고기의 형광빛 비늘, 새의 달콤한 노래, 회색빛 바위의 웅장함, 땅을 울리는 듯한 사자의 울음소리, 끝없이 힘차게 흐르는 시냇물, 섬세한 이파리…. 이 모든 것이 하나님을 가리키고 있었다. 모든 것이 그분의 영광을 찬양하고 있었다.

대참사 앞에서

지금까지 일어난 안 좋은 일들을 어떻게 말로 요약할 수 있을까? 아마도 사도 바울이 로마서 8장 22절에서 한 말이 가장 강력한 표현일 것이다. "피조물이 다 이제까지 함께 탄식"한다.

백합은 이제 그들의 생명을 짓누르는 잡초와 싸워야 한다. 오염물질이 하늘에 그림자처럼 떠 있고, 눈에 보이지 않는 독성물질이 물에 떠다닌다. 열매와 꽃이 질병으로 말라 죽게 되었다. 고통, 아픔, 수고, 질병, 죽음은 이제 모든 피조물이 늘 경험하는 것이다.

예전에는 너무나 쉬웠던 것이 더 이상 쉽지 않아졌다. 단순했던 것이 매우 복잡해졌다. 예전에는 공짜였던 모든 것을 이제 큰 대가를 내야만 얻을 수 있다. 옛날에는 생각할 수 없을 정도로 잘못된 것으로 보였고, 하나님이 만드신 세상에 전혀 어울리지 않을 것 같았던 일들이 이제는 매일의 경험이 되었다.

거짓, 적, 위험, 죄, 파괴, 전쟁, 살인, 질병, 두려움, 증오와 같은 단어들이 타락한 세상의 일상 언어가 되어버렸다.

무엇보다 사람들 간의 화합이 깨져버렸다. 수치, 두려움, 죄의식, 비난, 탐욕, 시기, 갈등, 상처가 사람들의 관계를 형성했다.

사람들은 다른 사람을 자신이 원하는 것을 얻는 데 방해물이 된다고 보거나 피해야 할 위험한 대상으로 보게 되었다. 심지어 가족끼리도 지속적이고 평화로운 연합을 이루며 공존할 수 없게 되었다.

이전에는 없었던 문제들을 폭력으로 대응하는 일이 비일비재해졌다. 사람보다 물건이 더 귀하게 되었고, 사람들은 더 많은 물건을 얻기 위해 기꺼이 다른 사람과 경쟁했다.

인간 공동체는 이웃을 사랑함으로써 연합하기보다 자기 자신을 사랑함으로써 분열하게 되었다. 진리와 사랑을 드러내야 할 사람들의 말은 분노의 무기가 되었고, 속이는 도구가 되었다. 인간 사이의 화합에서 흘러나오는 아름다운 곡조가 이제는 인간의 싸움으로 인한 슬픈 애도곡이 되었다.

세상에서 가장 슬픈 일

그러나 죄가 자연세계와 인간 공동체에 초래한 이 모든 해악 말고도 또 다른 끔찍한 결과가 있었다. 생각할 수도 없고 너무나 끔찍한, 세상에서 일어난 가장 슬픈 일이다. 이 비극은 창세기 3장 8-10절의 평범해 보이는 대화 속에 묘사되어 있다.

그들이 그날 바람이 불 때 동산에 거니시는 여호와 하나님의 소리를 듣고 아담과 그의 아내가 여호와 하나님의 낯을 피하여 동산 나무 사이에 숨은지라. 여호와 하나님이 아담을 부르시며 그에게 이르시되 네가 어디 있느냐 이르되 내가 동산에서 하나님의 소리를 듣고 내가 벗었으므로 두려워하여 숨었나이다.

얼마나 슬픈 순간인가! 인간은 지극히 광대한 하나님의 영광에 참여하도록 창조되었다. 하나님과의 친밀한 관계를 통해 정체성과 의미와 목적을 얻도록 창조되었다. 모든 말과 생각과 바람과 행동이 그를 지으신 창조주를 향한 진심 어린 복종과 경배를 통해 형성되도록 지음받았다. 그런데 그런 인간이 지금 무엇을 하고 있는가? 자신의 생명 되시는 분이 가까이 오자 두려워 숨고 있다!

이 장면이 더 깊이 시사하는 바가 있다. 바로 그 순간 인간이 초월성과 의미와 목적을 완전히 상실하게 된 것이다. **창조주를 피하는 것은 곧 자신의 진정한 정체성으로부터 도피하는 것이다!** 그는 절대 하지 말아야 할 일을 저지르고 말았다. 그렇게 의식적으로 하나님을 피하면서 그는 자신의 삶을 딱 자기 자신의 삶만큼으로 축소시키고 있었다.

그 결과 그는 하나님의 임재를 기쁨과 사랑으로 반응하지 못하고 죄의식과 두려움을 갖게 된다. 그는 알면서 그렇게 행동했다. 자신이 창조된 목적인 초월적인 영광을 저버리고 다른 영광을 선택했다. 오직 하나님만 가지셔야 할 영광을 자신이 취한 것이다. 그는 삶의 경계를 자기만의 바람, 필요, 욕구로 축소시켜 버렸다. 그것은 자율이라는 작은 세계로, 실제로 살기에는 너무 좁아서 도저히 생존할 수가 없는 곳이다.

이처럼 자기가 중심이 되는 세계에는 하나님과의 관계라는 산소가 부족하다. 그곳은 살 곳이 못 된다. 그곳은 죽음의 장소다.

얼마나 슬픈가! 더 나은 것을 위해 창조된 아담과 하와가 덜 중요한 것을 선택했다. 자신들이 누구인지 망각한 채 하나님 밖에서 삶을 찾으려 시도했지만 그들이 찾은 것은 죽음이었다.

자율과 초월

사탄이 아담과 하와에게 내민 것이 무엇이기에 그들이 자신들이 창조된 가장 핵심적인 목적을 버릴 정도로 끌렸던 것일까?

사탄은 그들에게 독립의 영광을 제안했다. 그들이 자기 자신의 영광을 얻으면 하나님처럼 초월적인 존재가 될 수 있다고 했다. 이것이 바로 자율이다. 여기 사탄의 거짓말이 있다(지금도 매일 사람들의 귀에 속삭이고 있다). "진정한 초월의 열쇠는 자율이야."

하지만 이것은 사악하고 잔인한 거짓말이었다. **하나님을 떠난 자율은 언제나 초월을 파괴한다.** 하나님의 영광을 위한 영광스러운 삶 대신 나 자신의 영광이라는 어둡고 좁은 방을 채우는 하찮고 희미한 영광들로 끝나게 된다.

고린도후서 5장 15절이 분명히 말하듯, 인간은 "그들 자신을 위하여" 살도록 만들어지지 않았다. 따라서 예수님이 구원하시는 은혜로 우리를 만지실 때, 우리는 우리를 매는 구속에서 자유롭게 된다.

에덴동산에서 일어난 그 끔찍한 순간 이후 모든 인간은 자율과 초월을 혼동하는 경향이 생겼다. 죄의 관성은 늘 창조주로부터 멀어져 우리 자신을 향한다. 그리고 이를 통해 알 수 있는 것은 이것이 믿지 않는 자들만의 문제가 아니라는 것이다.

믿는 자들도 마찬가지다. 죄가 우리 마음에 거하는 한, 자율은 초월과 싸움을 벌일 것이다. 우리는 복음이 갖는 초월적인 약속과 영광과 희망을 자기만의 삶이라는 크기로 얼마든지 축소시킬 수 있다. 하나님의 은혜로 자기가 만든 작은 방에서 풀려나 광대한 하나님 나라로 들어가게 되었음을 잊는 것이다. 그러나 **언젠가는 독립과 초월 간의 싸움이 끝날 것이고, 우리는 영광 가운데 영원히 영광스럽게 살게 될 것이다.**

그때까지

예전에 한 친구가 가족들이 살 새 집을 짓기 위해 하청업자를 고용한 적이 있다. 예산이 충분하지 않았기 때문에 하청업자가 지붕과 대략적인 목공 업무만 해주기로 했다. 그래서 나머지 세부적인 실내 작업은 그 '새' 집에 이사 간 후에 끝내야 했다. 그 친구가 했던 말이 생각난다. "새 집을 갖게 되어 너무 감사해. 하지만 아직 일이 다 끝나지 않았으니 정신 차리고 끝까지 집중해서 일하려고 해."

이와 마찬가지로 우리 각자는 우리가 은혜로 하나님의 가족이 되었음을 깊이 감사해야 한다. 은혜가 우리의 삶을 놀랍도록 변화시킨 것에 대해 깊이 즐거워할 수 있어야 한다.

하지만 또한 하나님께서 우리 안에서 아직 일을 완성하지 않으셨음을 자각해야 한다. 실제로 매일의 삶에서 어떤 방식으로든 아직 일이 남아 있음이 드러난다. 분노의 말일 수도 있고, 이기심을 부리거나 욕심을 부리는 순간일 수도 있다. 아니면 잘못을 인정하지 않으려 하거나 비난을 떠넘기려 할 때 드러날 수도 있다. 음란한 생각을 하거나 성경적 확신에 대해 타협하려 할 때 드러날 수도 있다. 아내나 자녀들과 너무 빈번히 갈등할 때 드러날 수도 있다. 내 일이나 내 재정 상태를 받아들이려 하지 않을 때 드러날 수도 있다. 요지는 우리 각자의 삶에 하나님의 은혜의 역사가 아직 끝나지 않은 증거가 남아있다는 것이다.

이것 때문에 우리가 늘 명심해야 할 두 가지가 있다.

삶을 오직 자신의 것으로만 보려는 경향

우리는 늘 우리가 어떤 영역에서 '자신만을 위해 살아가려고' 하는지 잘 살펴보아야 한다.

그것은 하나님과의 관계가 성장하는 것보다 물건을 얻을 때 더 기뻐하는 모습으로 드러날 수 있다. 나에게 필요한 것인데 다른 사람이 끼어들면 싸우려 하는 모습으로 드러날 수도 있다. 필요 이상으로 먹고 소비하는 모습으로 드러날 수도 있다. 일치를 원하기보다 대화에서 '이기려는' 강한 욕망을 보이는 것으로 드러날 수도 있다. 교회에 다니는 것이 이미 빡빡한 일정 속에서 일요일 일정 정도로 치부되는 것으로 드러날 수도 있다.

우리 모두가 하나님께서 우리에게 가르쳐주셨고 우리 안에서 행하신 모든 것을 개인적인 삶의 관심으로 축소하려는 강한 유혹을 받고 있다. 물론 자신의 삶을 기뻐하는 것은 옳다. 그리스도의 사역은 당신이 더 나은 결혼생활을 누리고, 더 나은 친구가 되고, 자녀와 더 좋은 관계를 누리고, 일을 더 잘하도록 도울 것이다. 마음이 기뻐지면 삶의 모든 상황이 더 좋아지는 것은 사실이다. 그러나 하나님은 당신이 자신의 삶보다 더 큰 영역에 관심을 갖기 원하신다.

하나님께서 은혜로 우리 삶에 개입하실 때, 하나님은 우리만의 왕국이 잘 돌아가게 하시는 것이 아니라 그보다 훨씬 큰 왕국에서 기뻐하고 헌신하도록 우리를 부르신다.

우리가 하나님의 위대하고 영광스러운 사역에 참여하게 된 것을 어떻게 기뻐해야 하는지 대부분 알고 있다. 그러나 실제로는 우리에게 직접적으로 맡겨지지 않은 일에 대해 거의 신경을 쓰지 않는다. 이렇게 하면서 우리는 우리의 자율을 기독교식으로 둔갑시켰다. 기본적으로 하나님 나라의 초월적인 영광을 우리 개인적 관심의 테두리 안으로 축소시키려는 시도들을 하나님께 용인해달라고 요청하는 것이다.

하나님의 테두리 안에서 살려고 노력함에도 불구하고 우리는 여전히 자기가 중심이 되는 삶을 살아왔다. 우리의 기독교는 매우 협소하고, 이기적이고, 심지어 그러한 축소를 알아차리지도 못하는 것이 현실이다.

타락으로 인한 총체적인 재앙

다시 말하지만 죄가 하나님이 창조하신 모든 것에 초래한 상상할 수 없는 횡포는 말로 다 표현할 수가 없다. 그 결과는 너무나 총체적이고 철저했다.

세상의 타락이 갖는 이러한 총체성을 기억하는 것이 왜 그렇게 중요한지 의아할 수 있다. **이것이 필요한 이유는 죄의 결과가 얼마나 엄청난지 기억할 때만 하나님이 원하시는 방식으로 살게 되기 때문이다.**

하나님의 목적 안에서 삶을 바라본다는 것은 이런 논리다. '죄의 황폐

함이 온 피조물에 미친다면 구속의 영역 또한 그만큼 커야 한다. 따라서 우리는 온 피조물의 완전한 회복을 바라며 살도록 부름받았다.'

하나님 나라란 어떤 것인가? 하나님께서 우리에게 요구하시는 새로운 삶이란 어떤 것인가? 하나님의 자녀로서 우리는 어떤 새로운 의미와 목적을 가지고 살아가게 되는가? 우리 기독교인들은 세상에서 어떤 일을 해야 하는가?

하나님께서는 우리를 우리 마음대로 행하고 자기 자신이 중심이 된 삶에서 벗어나 다시 한 번 초월적으로 살라고 부르셨다. 이것은 하나님께서 우리에게 주신 모든 상황과 위치와 관계 속에서 회복을 이루며 살라는 의미다.

하나님께서 우리를 구속하시는 목적은 무엇인가? 그것은 성경 맨 마지막 두 번째 장에 나온다.

하나님께서 보좌에 앉아 이렇게 말씀하신다. "내가 만물을 새롭게 하노라"(계 21:5). 로마서 8장 18-24절에 이 내용이 요약되어 있는데, 온 피조물이 신음하며 구속을 기다리고 있음을 보여준다.

하나님의 영광이 온 피조물에 반사되어 있다면, 죄의 결과가 온 피조물에 미친다면, 그리고 구속의 목적이 온 피조물을 회복시키는 것이라면 당신과 나는 무엇에 관심을 가져야 하는가? 바로 모든 것이다!

당신이 죄로 인해 슬퍼한다면 그것은 개인의 삶이 힘들다는 의미 이상이어야 한다. 당신의 슬픔은 죄가 영향을 미치는 영역만큼 확장되어야 한다. 하나님의 회복시키시는 은혜를 기뻐한다는 것은 그것으로 인해 나의 사적인 세계가 회복된다는 것 이상의 훨씬 큰 의미여야 한다. 아니, 당신의 기쁨은 회복이 필요한 모든 영역을 포함할 수 있어야 한다.

하나님의 은혜는 실제로 당신을 **크게 생각하고 넓게 살도록** 맞아들인다. 하나님은 당신이 '더 넓은' 구속에 날마다 적극적으로 참여하도록 초청하신다.

그분의 회복시키시는 은혜는 당신이 당신 자신의 삶이라는 경계를 넘어 더 폭넓게 관심 가져야 할 이유를 제공한다. 그분은 당신이 당신의 작은 왕국에서 나와 당신의 재능과 은사와 자원과 시간을 그분의 거대한 하늘 왕국이 갖는 영광스러운 관심에 쓰기를 요청하신다.

그분의 자녀로서 당신은 아침마다 거대한 왕국에서 깨어난다. 이 나라는 역사를 거슬러 세상의 기초가 놓이기 전까지 확장된다. 시간이 있기 전부터 끝없는 영원으로 이어진다. 알려지고 알려지지 않은 모든 장소, 모든 상황, 모든 사람, 모든 피조물을 포함한다.

이 왕국의 목적은 타락으로 손상된 모든 것을 완전히 회복하는 것이다. 당신은 더 이상 자신만을 위해 살면 안 된다. 은혜가 문을 열고 좀 더 의미 있고 좀 더 나은 세계로 이끌어간다.

은혜는 당신이 이 놀라운 회복의 역사를 바라며 살기를 요청한다. 유명한 크리스마스 캐럴의 가사처럼 '구주가 오신 것은 저주가 있는 모든 곳에 복을 주시기 위함'이다.

하지만 우리에게 문제가 하나 있다. **우리는 구속이 갖는 개인적인 유익에 너무 흥분한 나머지 구속의 더 큰 목적을 보지 못한다.**

사실 우리 개인이 누리는 구속의 유익은 실로 엄청나다. 영원히 기뻐해도 모자람이 없다. 그러나 구속의 관건은 우리의 왕국을 성공시키는 것이 아니라 우리를 훨씬 크고 훨씬 나은 왕국으로 환영하여 들이는 것이다.

짐 콜린스는 자신이 쓴 기업경영 베스트셀러인 『좋은 기업을 넘어 위대한 기업으로』(Good to Great)에서 다음과 같이 놀라운 관찰을 보였다.

좋은 것은 위대한 것의 적이다. 그리고 우리가 위대해지지 못하는 중요한 이유 중 하나다. 우리에게 위대한 학교가 없는 것은 주로 좋은 학교들이 있기 때문이다. 위대한 정부가 없는 것은 좋은 정부가 있기 때문이다. 위대한 삶을 사는 사람이 없는 것은 대부분 좋은 삶에 안주하기 때문이다.

콜린스의 관찰은 매우 중요하다! 우리 중 많은 사람이 주님과 동행하는 데 있어서 콜린스가 말하는 그런 수준에 머물고 있다. 자기만족적인 좋은 삶에 안주하며 산다. 은혜로 행복한 결혼생활을 하고, 좋은 부모가 되고, 좋은 친구가 되고, 일을 잘할 수 있게 된 것에 만족하며 산다. 우리가 얼마나 끔찍한 삶에서 구원받았는지 너무나 쉽게 잊어버린다. 우리는 끔찍한 삶에서 옮겨져 좋은 삶을 살게 되었을 뿐 아니라 놀랍게도 엄청나게 위대한 삶을 살게 되었음을 간과한다.

당신은 초월하도록 선택되었다. 자기만의 희망과 꿈이라는 경계를 초월하도록, 자기만의 계획과 목적이라는 경계를 초월하도록, 자기 가족과 친구라는 경계를 초월하도록 선택되었다. 자기가 생각하는 최대한의 영광을 초월하여 더 위대한 영광인 하나님의 영광과 만물을 새롭게 하시는 하나님의 역사에 참여하도록 선택받았다.

너무 작은 삶에 안주하며 살았는가? 죄로 인해 총체적인 재앙이 임한 가운데 당신이 위대한 것으로 부르심받았음을 잊고 그저 좋은 것에 안주했는가?

하나님의 은혜를
나의 개인적 관심으로
축소하며 살았는가?

당신만의 왕국을
건설하려 하는가?

4

자신만의 왕국을 벗어나라

왕국 한 가지가 우세한 영역, 혹은 범위

삶은
하나님 나라와
자기 왕국의 싸움이다

우리는 그것을 '퍼즐타운'이라 불렀다. 그것은 그 아이만의 작은 왕국이었다. 둘째 아들 에단은 어릴 때부터 예술가이자 몽상가였다. 그 아이는 자신만의 세계가 있었고, 그 세계를 건설했다! 퍼즐타운을 발견했을 때 마침내 그가 찾던 모든 것을 찾아낸 것 같았다. 그것은 3차원 건축 장난감으로 집, 가게, 정원 등 작은 마을을 만들어낼 수 있다. 갑자스럽게 에단은 자신만의 작은 왕국의 주인이자 창조자가 되었다. 그 작은 마을은 에단의 목적대로 운영되고 에단 마음대로 할 수 있었다. 에단은 '에단 왕국'을 만들고 다스리면서 시간 가는 줄 모르고 몇 시간을 보내곤 했다.

지금은 에단이 평범한 사람으로 돌아왔고, 퍼즐타운은 지하실에 안전하게 보관되어 있다. 하지만 왕국을 건설하려는 에단의 욕구는 아직도 남아있는 것 같다. 당신과 나도 마찬가지다. 알다시피 우리는 모두 왕국 건설자들이다. 문제는 우리가 누구의 왕국을 짓고 있느냐다.

다시 한 번 에덴동산으로 돌아가보자. 사탄은 하와에게 '더 나은' 왕국을 속여 팔고 있었다. 그 왕국에서 하와는 마음대로 할 수 있었다. 그 왕국은 하와 마음대로, 하와의 방식대로 통치될 것이다. 사탄은 하와에게 자기가 주는 것이 더 크고 좋은 것이라고 말했지만, 실제로 사탄이 하와에게 준 것은 훨씬 작고 가치 없는 것이었다.

그 운명의 날 이후 인간의 삶과 역사는 왕국들의 충돌로 점철되었다. 작은 왕국과 큰 왕국의 싸움, 이 세상 왕국과 천국 왕국의 싸움, 인간 왕국과 하나님 왕국의 싸움.

모든 인간의 의도와 결정, 생각, 말, 욕구, 행동 뒤에 이 싸움이 있다. 모든 사람의 행동은 이 중 한 왕국의 성공을 바라며 행해진다. 이 싸움은 결코 끝나지 않고 피할 수도 없다. 사람 마음의 영역에서 벌어지는 일이기 때문이다. 우리는 '큰 왕국'의 삶을 살도록 창조되었지만 죄로 인해 충성심이 왜곡되면서 자기가 만든 작은 왕국에 너무 전념하게 되었다. 큰 왕국의 초월적인 영광을 보지 못한 채, 우리가 만든 작은 왕국의 보잘것없는 그림자 영광을 최고인 양 믿게 되었다.

문제는 우리 대부분이 왕국의 관점에서 생각하지 않는다는 것이다. 알다시피 우리는 아침에 아무 생각 없이 일어나 일하러 가거나, 아이들을 학교에 보내거나, 개를 산책시키거나, 아침 신문을 읽는다. 의도나 충성심 같은 준비된 의식을 가지고 살지 않는다.

바로 이것이 문제다. 우리는 자기도 모르는 사이에 성경의 약속을 하나님의 은혜로 우리의 작은 왕국이 반드시 잘될 거라는 희망으로 바꿔버릴 수 있다. 그러나 성경의 약속들은 더 크고 더 좋은 왕국인 하나님 왕국에 적극적으로 참여하라는 초대다. 그렇다면 우리는 어디서 큰 왕국이 관심 갖는 일들을 추구해야 하는가? 작은 왕국을 구하도록 유혹받는 바로 그곳이다. 즉 우리가 살고 매일 일하는 같은 장소다.

보물과 백합화

자기 왕국의 삶은 어떤 모습인가? 마태복음 6장에서 예수님이 이에 대해 아주 명쾌하게 답해주신다.

너희를 위하여 보물을 땅에 쌓아 두지 말라. 거기는 좀과 동록이 해하며 도둑이 구멍을 뚫고 도둑질하느니라. 오직 너희를 위하여 보물을 하늘에 쌓아 두라. 거기는 좀이나 동록이 해하지 못하며 도둑이 구멍을 뚫지도 못하고 도둑질도 못하느니라. 네 보물 있는 그곳에는 네 마음도 있느니라. 눈은 몸의 등불이니 그러므로 네 눈이 성하면 온몸이 밝을 것이요 눈이 나쁘면 온몸이 어두울 것이니 그러므로 네게 있는 빛이 어두우면 그 어둠이 얼마나 더하겠느냐. 한 사람이 두 주인을 섬기지 못할 것이니 혹 이를 미워하고 저를 사랑하거나 혹 이를 중히 여기고 저를 경히 여김이라. 너희가 하나님과 재물을 겸하여 섬기지 못하느니라. 그러므로 내가 너희에게 이르노니 목숨을 위하여 무엇을 먹을까 무엇을 마실까 몸을 위하여 무엇을 입을까 염려하지 말라. 목숨이 음식보다 중하지 아니하며 몸이 의복보다 중하지 아니하냐. 공중의 새를 보라 심지도 않고 거두지도 않고 창고에 모아들이지도 아니하되 너희 하늘 아버지께서 기르시나니 너희는 이것들보다 귀하지 아니하냐. 너희 중에 누가 염려함으로 그 키를 한 자라도 더할 수 있겠느냐. 또 너희가 어찌 의복을 위하여 염려하느냐 들의 백합화가 어떻게 자라는가 생각하여보라 수고도 아니하고 길쌈도 아니하느니라 그러나 내가 너희에게 말하노니 솔로몬의 모든 영광으로도 입은 것이 이 꽃 하나만 같지 못하였느니라 오늘 있다가 내일 아궁이에 던져지는 들풀도 하나님이 이렇게 입히시거든 하물며 너희일까보냐 믿음이 작은 자들아 그러므로 염려하여 이르기를 무엇을 먹을까 무엇을 마실까 무엇을 입을까 하지 말라 이는 다 이방인들이 구하는 것이라 너희 하늘 아버지께서 이 모든 것이 너희에게 있어야 할 줄을 아시느니라 그런즉 너희는 먼저 그의 나라와 그의 의를 구하라 그리하면 이 모든 것을 너희에게 더하시리라 그러므로 내일 일을 위하여 염려하지 말라 내일 일은 내일이 염려할 것이요 한 날의 괴로움은 그날로 족하니라(마 6:19-34).

자기 왕국의 삶은 두 가지에 집중한다. 먼저 **땅에 매인 보물**을 구한다(마 6:19-24). 여기서 보물의 개념이 매우 중요하다. 보물이란 소유하기에 가치 있는 것을 말한다.

우리 인간은 모두 보물을 구하는 자들이다. 여기서 예수님의 가르침이 설득력 있는 이유는 우리 모두가 어떤 방식으로든 보물을 구하기 때문이다. 당신에게 가장 가치 있는 것이 누군가의 사랑일지 모른다. 혹은 권력이나 통제력일 수 있다. 아니면 어떤 소유물이나 삶의 방식, 혹은 경험을 가장 중요하게 여길 수 있다. 아니면 부모로서 자녀를 잘 기르는 것, 혹은 결혼생활의 축복을 가장 중요하게 여길 수 있다. 아니면 사역이 오랫동안 성공적으로 행해지는 것을 보물로 여길 수도 있다. 이처럼 우리 모두가 보물을 추구한다. 다만 각자의 보물이 무엇인지가 다를 뿐이다.

그리스도께서는 모든 사람이 보물을 구한다는 것을 아시고 지금 보이는 현실세계의 보물을 구하며 살지 말라고 경고하신다. 영원하지 않고 만족을 주지 못하는 물리적인 땅의 보물을 위해 모든 재능과 은사와 시간과 자원과 힘을 쓰지 말라고 경고하신다.

하지만 이러한 '보물들'은 두려울 정도로 매력적이고 강력하다. 아침에 일어나면서 "일이 내 인생의 유일한 보물이 되면 좋겠어."라고 말하지 않지만 어느 순간 그렇게 된다. "나의 정체성과 의미와 목적을 다른 사람에게서 얻어야지."라고 말하지 않지만 누군가의 인정을 귀하게 여기게 된다. "물질을 나의 행복으로 삼아야지."라고 말하지 않지만 점점 더 그것을 획득하기 위해 살게 된다. **이런 것들을 자신의 보화로 삼아야겠다고 의식적으로 결심하지 않음에도, 눈에 보이는 이 땅의 가치들이 우리를 얽어매고 구속한다.** "권력과 통제권을 내 삶의 최고 가치로 삼아야지."라고 말하지 않지만 어떻게든 그렇게 된다. "아이들을 잘 키우는 걸 내 삶 최고의 가치로 여겨야지."라고 말하지 않지만 어느새 그렇게 된다.

예수님은 이 중요한 가르침을 주시면서 사람이 자기의 인생을 잘못된 보물을 구하는 데 소비하는 것이 얼마나 슬픈 일인지 생각해보라고 요청하신다. 그런 다음 우리가 뜨겁게 열망해야 할 보물이 어떤 것인지 겸손히 찾아보라고 하신다. 우리는 지금 여기 있는 협소한 땅에 매인 왕국의 보화들로 만족하도록 창조되지 않았다. 우리는 더 나은 보화를 구하도록 창조되었고, 그렇게 할 때 영원한 감사와 만족을 누리도록 창조되었다.

자신에게 질문해보라. '어떻게 했을 때 잘 살았다는 생각이 드는가? 어떤 것에 행복해하고 만족하는가? 인생의 의미와 목적을 느끼게 해주는 것은 무엇인가? 내가 열심히 구하고 있는 것은 무엇이고, 그것을 얻었을

때 어떤 경험을 하기 바라는가? 지난날을 돌아볼 때 내가 구했던 보화는 무엇이었는가?'

작은 왕국의 삶이 두 번째로 중요시하는 것은 걱정에 이끌린 필요다(마 6:25-34). 여기서 예수님은 매우 파격적인 말씀을 하신다. 모든 필요가 채워지는 것을 인생의 목표로 삼을 수 없다고 말씀하신다. 그러면서 "목숨이 그것들보다 더 중요하다"고 말씀하신다. 알다시피 우리는 우리 삶의 크기를 우리가 느끼는 필요만큼 축소하도록 창조되지 않았다. 그런 식으로 사는 것은 대단히 비인간적이다. **우리가 오직 우리의 필요만 보게 되면, 하나님과의 유대와 다른 사람들과의 경건한 교제로 세워지는 진정한 인간성을 경험하는 것이 불가능해진다.**

그런 식으로 살면 늘 걱정과 두려움이 가득하다. 나의 모든 필요가 채워지기 위해 필요한 모든 것을 내가 통제할 수 없기 때문이다.

예컨대 농부라면 그가 날씨를 통제할 수 없다. 부모는 자녀의 마음을 통제하지 못한다. 남편이나 아내는 배우자의 사랑을 통제할 수 없다. 노동자는 경제를 통제할 수 없다. 누군가의 친구로서 친구가 자신을 받아들이도록 통제할 수 없다. 아무도 이웃에 사는 옆집 사람을 고를 수 없다. 시민은 정부의 능력을 좌우할 수 없다. 이와 같이 자신의 필요가 채워지는 것을 삶의 가장 중요한 사안으로 여긴다면, 자신이 통제할 수 있는 영역이 사실상 너무나 좁다는 사실을 자각하기에 늘 걱정과 싸울 수밖에 없을 것이다.

여기서 발생하는 또 다른 것이 있다. 바로 **필요를 확장하는 힘**이 생겨난다. 필요에 집중하면 할수록 더 많은 것이 삶의 목록에 추가된다. **필요를 채우는 것을 주요 관심에 둘수록 삶에 더 많은 것이 필요한 것으로 규**

정된다. 우리가 무심결에 "필요"라는 말을 사용하는 방식을 보면, 우리가 얼마나 많은 것을 필요한 것으로 규정하고 있는지 알게 된다. 사실은 삶에 꼭 필요한 것이 아닌데 말이다.

좋은 음식이 정말로 꼭 "필요"한 것은 아닐 수 있다. 월급 인상이 꼭 "필요"하지 않을 수 있다. 새집이 꼭 "필요"하지 않을 수 있다. 누군가의 인정이 꼭 "필요"하지 않을 수 있다. 얻으려고 애쓰는 그 지위가 꼭 "필요"하지 않을 수 있다. 명성을 꼭 지킬 "필요"가 없을 수도 있다. 친구들이 꼭 알아줄 "필요"가 없을지도 모른다. 그러나 자신의 필요에 너무 집중하다 보면 더 많은 욕구들이 정말 필요한 것으로 둔갑하게 된다.

나의 작은 왕국이 있는 곳

바리새인들이 예수님께 하나님의 나라가 언제 오느냐고 물었다. 그때 예수님이 하신 말씀을 누가는 이렇게 기록한다. "하나님의 나라는 볼 수 있게 임하는 것이 아니요 또 여기 있다 저기 있다고도 못하리니 하나님의 나라는 너희 안에 있느니라"(눅 17:20-21).

이와 같이 **큰 하나님의 나라처럼, 작은 왕국도 장소가 아니라 마음의 전념이다.** 마음의 전념이기 때문에 우리가 가는 곳마다 작은 왕국도 함께 간다. 그래서 우리 마음이 작은 왕국의 땅에 매인 보화와 걱정에 매인 필요들의 통제를 받으면, 모든 삶을 개인적인 보화를 구하고 필요를 채우며 살게 된다. 관계를 맺을 때도 우리의 보화를 찾고 우리의 필요를 채우기 위해 노력한다. 직장에서도 보화를 찾고 필요를 채우려는 목적으로 일하게 될 것이다. 사역에서도 보화를 찾고 개인의 필요를 채우려 할 것이다. 작은 왕국이 갖는 보화를 찾고 필요를 채우는 방식으로 삶의 모든 일을 대하게 될 것이다. 그것이 삶에 대한 우리의 느낌도 결정한다.

만일 친구 관계가 자신이 갈구하던 '인정'이라는 보화를 가져다준다면, 그 관계는 아주 좋고 만족스럽다고 느낄 것이다. 하지만 그렇지 않다면 용기를 잃거나 두려워하거나 걱정하거나 화내거나 불만족스러워할 것이다. 직업을 통해 자신이 필요하다고 확신하는 만큼 돈벌이가 되면 일을 즐겁게 하고 기꺼이 에너지를 쏟으려 할 것이며, 그렇지 않으면 직업에 대해 부정적인 감정을 느끼게 되고 열정을 느끼기 어려워질 것이다.

작은 왕국은 하나의 삶의 방식으로, 하나님이 우리 삶에 주신 모든 것에 반응하는 방식을 결정할 것이다. **작은 왕국의 삶은 끊임없이 이 땅의 보화를 찾게 만들고 끊임없이 개인적 필요에 집중하게 만든다.**

슬프게도 이 땅에서 누리도록 주신 초월적인 삶을 자신의 욕구와 필요로 제한하게 된다. 이 왕국은 너무 좁아서 그 안에 하나님이나 다른 사람들이 들어올 수 없다. 또한 우리는 더 큰 것, 즉 우리 삶의 크기보다 훨씬 큰 왕국에 속하도록 창조되었기 때문에 이와 같이 제한된 작은 왕국은 우리 인간성을 파괴하게 될 것이다.

여전히 관계도 맺고 일도 할 수 있다. 교회에도 다니고 사역에도 동참한다. 구제도 하고 섬기기도 한다. 하지만 아무리 관계를 잘 맺고 적극적으로 사는 것처럼 보여도 결국은 자신만을 위한 것이다. 그것은 작은 왕국이다. 그러한 삶의 방식이 아무리 공동체의 모습처럼 보일지라도, 그 안에는 한 사람을 위한 공간밖에 없다. 어디에 있든 무엇을 하든, 자신이 구하는 것들을 찾지 못하면 계속 참여하는 것이 매우 어려울 것이다. 작은 왕국은 언제나 한 사람의 왕국이다.

왜 나의 작은 왕국에 끌릴까?

작은 왕국이 매력적인 것은 딱 한 가지 이유다. 바로 자신이 늘 그 중심에 있기 때문이다. 모든 죄인을 끄는 방식이 있다. 죄는 무서울 정도로 우리를 자신에 집중하게 만든다. **죄의 유전자는 이기심이다. 죄는 내가 원하는 때에 내 방식대로, 내 마음대로 하려는 것이다.** 따라서 죄의 관성은 늘 다른 사람들로부터 멀어져 자기 자신을 향한다.

에덴동산의 그 나무에서, 야곱의 속임수에서, 아간의 도둑질에서, 사울의 불순종에서, 압살롬의 반역에서, 느부갓네살의 자만심에서, 베드로의 부인에서, 유다의 배반에서 죄가 역사한다. 아직 말도 하지 못하는 아기가 분노로 그 작은 몸을 뒤틀 때, 자신의 점심도시락이 더 낫다는 사실로 친구를 놀리는 유치원생의 모습 속에도 죄가 있다. 식료품점에 가는 길을 막았다는 이유로, 혹은 자기가 먹으려던 시리얼을 다른 사람이 먹었다는 이유로 화를 내는 십대들의 모습 속에도 죄가 있다. 죄로 인해 우리는 우리 방식, 즉 우리의 이기적인 방식을 원한다.

에덴동산에서 사탄이 회유한 말은 "네 방식대로 할 수 있어! 너는 …만 하면 돼."였다. 죄인에게 이처럼 유혹적인 제안은 없다. 이것은 우리의 죄악된 마음 깊은 어딘가에서 우리 모두가 비밀스럽게 원하는 것, 바로 나만의 방식이다.

때문에 구세주는 우리를 바로 이것으로부터 구해내려 하셨다. 그분은 우리를 우리의 협소한 작은 왕국이 갖는 제한된 속박에서 풀어내고, 은혜로 더 나은 왕국의 광대한 영광들로 맞아들이기 위해 오셨다. 그러나 우리는 그분의 은혜를 받고도 그분의 지혜의 원리와 은혜로운 약속들을 나만의 작은 왕국을 잘 돌아가게 하는 데 적용하려고 시도할 것이다. **하나님 나라의 광대한 삶의 방식은 내 왕국이 갖는 협소한 테두리 안으로 구겨넣을 수 없다. 절대 들어가지 않을 것이다.**

아버지를 기억하며 살기

그때는 사역하면서 가장 어려운 때였다. 그런 일을 겪으리라고는 상상도 하지 못했다. 다른 사람들과 함께 기독교 학교를 설립했다. 그곳에서 가르치면서 목회도 병행했지만, 따로 보수를 더 받지는 않았다. 8년간 그 학교의 교장이자 위원회장으로 일했다. 그리고 우리 아이들은 그 학교에 돈을 내고 다녔다. 그런데 어느 날 밤, 정말 충격적이게도 나는 투표로 그 자리에서 물러나게 되었고, 나와 나의 사역에 너무나 소중했던 그 학교에 어떤 영향력도 미칠 수 없게 되었다.

그날 밤 차를 몰고 집으로 돌아오면서 도대체 무슨 일이 벌어진 건지 파악조차 할 수 없었다. 너무 끔찍해서 아내와도 나눌 수 없었다. 다음 날 아침, 나에게 반기를 들었던 사람들의 얼굴이 아른거려 생각이 복잡했다. 뭔가를 해야겠다는 생각이 들었다. 싸우기 위해 전열을 가다듬었다. 테드 형에게 전화를 할 때까지는 말이다. 형은 이렇게 말했다.

"그런 일이 있었다니 정말 마음이 아프구나. 하지만 뭘 하려는 거야? 지도부를 일일이 찾아가 그들이 실수한 거라고 확신할 때까지 계속 이야기하려고? 그런 다음에는 너를 반대한 사람들을 모두 찾아가 같은 일을 하려고? 그렇게 하려면 얼마나 오래 걸릴 것 같니? 그리고 그러는 동안 하나님께서 너에게 맡겨주신 다른 사역에 무슨 일이 생길 것 같니?"

형은 계속해서 말했다. "네가 겪은 일을 받아들이기 힘들겠지만, 그 학교가 네 것은 아니잖아. 그 학교는 하나님의 것이니 하나님이 원하시는 대로 행하시는 거야. 네가 너의 왕국을 세웠던 것이 아니잖아. 하나님께서 그분의 학교를 세우는 데 너를 사용하셨던 거야. 넌 그냥 아침에 일어나서 하나님께서 맡겨주신 일을 계속해. 네가 할 수 있는 방법으로 학교와 사람들을 섬기되 하나님 나라의 번영은 그분 손에 맡겨드려."

위로의 말이었지만 아팠다. 언젠가부터 그 학교는 나의 학교가 되어 있었다. 언젠가부터 그곳은 내가 있어야 할 곳이고, 나의 비전이 되어 있었다. 언젠가부터 기독교 교육이라는 큰 왕국의 비전을 폴 트립의 사역이라는 작은 왕국의 틀에 짜 맞추고 있었다. 그리고 내가 느낀 슬픔의 대부분은 학교를 위해 최선이 무엇인가에 대한 것이 아니라 내가 쫓겨났다는 사실에 대한 것이었음을 겸손히 인정할 수밖에 없었다. 내가 잘못 가고 있었던 것이 맞았다. 그리고 그렇게 잘못된 것에 반응하는 내 모습 속에서 내 내면의 어떤 일이 드러났다.

두 왕국이 단순히 충돌을 일으킨 것이 아니었다. 나는 두 왕국을 혼동하고 있었다. 나는 내가 큰 왕국의 사역을 한다고 생각했는데, 어느샌가 그 일이 내 작은 왕국의 비전을 이루는 도구로 전락해 있었다. **고통스러운 그 은혜의 순간에 하나님께서 내가 만든 작은 칸막이 왕국에 구멍을 뚫어 사랑의 손으로 나를 끌어내기 시작하셨다.**

마태복음 6장의 극적인 반전은 맨 마지막 두 번째 줄에 나온다. "그런즉 너희는 먼저 그의 나라와 그의 의를 구하라. 그리하면 이 모든 것을 너희에게 더하시리라."(마 6:33). "그런즉"이라는 단어는 새로운 삶의 방식으로의 초대다. 옛날 삶의 방식은 어떠했는가? 옛날 방식은 아버지이신 하나님과 그분이 자녀들에게 그분의 왕국을 위해 일하는 데 필요한 모든 것을 아낌없이 제공하신다는 사실을 잊음으로써 작동한다. 아버지를 잊은 채 자기에게 집중하는 삶에서 선한 것이 나올 수 없다.

반면 새로운 방식은 위대한 하나님 나라의 목적이 갖는 초월적인 영광에 집중하는 것으로 시작된다. 그 목적들은 온 역사를 포함하고 온 피조물을 아우른다. 그 목적들은 나의 작은 왕국이 갖는 제한된 영역으로 절대 구겨 넣을 수 없다. 새로운 방식은 날마다 진심으로 나의 연약함을 인정하지만, 또한 아버지께서 신실하게 채워주실 것을 즐거이 신뢰할 때 시작된다.

우리가 초대받은 삶은 이런 삶이다. 하늘 아버지가 사랑으로 채워주심을 조용히 즐거워하며 아침에 눈을 뜨는 것이고, 그분의 왕국이 갖는 초월적인 기쁨에 합류하게 되었다는 사실에 가슴이 벅차는 것이다. 그럴 때 한 사람만을 위한 작은 왕국의 영역 안에서 절대 경험하지 못할 영광을 누리게 된다. 우리는 크게 살도록 창조되었고 부름받았다. 그런데 왜 자기만의 작은 왕국으로 후퇴하려 하는가?

> 땅에 매인 어떤 보화와
> 근심에 매인 필요들이
> 당신 자신과 삶에 대한
> 당신의 반응을 통제하려 하는가?

당신만의 문명을
발견했는가?

5

왕의 문명 건설에 참여하라

문명 특정한 시간과 장소에서 발전한 한 형태의 문화나 사회

우리는
늘 어떤 문화로 문명화되거나
다른 사람들을 문명화한다

디스커버리 채널이 방영한 특집이었다. 역사 연대표에 기록되어 있지만 지금껏 물리적 증거는 한 번도 발견된 적이 없는 한 전투에 대한 고고학 발굴 작업이 진행되고 있었다. 발굴을 시작하자마자 전투의 증거들이 모습을 드러내기 시작했다. 처음에는 너무나 쉽게 빨리 발굴이 이루어진 것에 다들 기뻐했다. 하지만 발굴이 진행되면서 고고학자들은 점점 혼란스러워졌다. 그들 손에 들어온 유물들을 조사할수록 그곳은 그들이 찾던 전쟁터가 아니라는 확신이 점점 강해졌다. 그러면서 그들은 정말로 흥분하기 시작했다. 전혀 몰랐던 것을 발굴하고 있었기 때문이다.

발견의 힘이 점점 더 그들을 사로잡기 시작했다. 정말 새로운 발견이었다. 그들은 이전에 알려지지 않은 새로운 문명을 발견하고 있었다. 지금 발굴하고 있는 것이 이 지역 역사에 대한 세계관을 영원히 바꾸게 되리라는 것을 전혀 몰랐다. 그들은 자신들이 밝히려던 전투 이론은 증명하지 못했지만 완전히 새로운 문명을 발견했다!

이것이 이번 장에서 당신과 하고 싶은 일이다. 당신과 함께 죄악된 인간 마음이라는 문명을 고고학적으로 파고들어가 보려 한다. 그곳에 널려 있는 도자기 파편들을 조사해보고 싶다. 마음의 유물들을 손에 들고 직접 눈으로 조사해보고 싶다.

문명화하는 사람들

앞에서 나는 우리 모두가 왕국 건설자라고 했다. 이 말을 다른 말로 하면 **문명 건설자들**(civilizers)이다. 우리는 모두 어떤 종류의 사회나 문화를 건설하고 있다. 자기 자신의 문화를 건설하는 데 몰두하거나, 왕의 문화를 건설하는 데 즐겁게 참여한다. **특정 문명의 청사진, 법률, 정책, 구조, 계획, 정치, 관계, 목적, 목표, 행동들로 매일의 삶이 형성된다. 인간이라면 이것을 피할 수 없다.** 우리는 언제나 특정한 왕국 문화로 '문명화되고' 있고, 다른 사람을 문명화시키고 있다.

아이들이 아버지와 함께 차를 타고 가다 길이 막혔는데 아버지가 앞에 있는 차를 저주한다면, 아이들은 아버지의 방식으로 사고하고 반응하도록 문명화된다. 어느 십대 소년이 친구들 사이에서 위상을 세우려고 학급 친구를 모욕할 때, 그 아이는 상대 아이를 문명화하고 있는 것이다. 엄마가 자녀에게 서로 평화롭게 지내는 법을 가르친다면, 아이들도 문명화되고 있는 것이다. 아내가 물질을 탐하다가 가족을 심각한 빚더미에 앉게 했다면, 아내는 남편을 문명화하고 있는 것이다. 목회자가 교회 성도들 앞에서 하나님의 초월적인 영광을 펼쳐 보일 때, 그는 성도들을 문명화하고 있는 것이다. 이처럼 우리는 언제나 어떤 문명을 건설하기 위해 일하고, 언제나 그 문명의 규칙과 가치를 다른 사람들에게 강요한다.

쉬운 예를 하나 들어보겠다. 물건을 소유하는 것이 자기만의 작은 왕국에서 최고 가치인 엄마가 있다고 하자. 아들은 수년간 엄마의 물질 왕국 규칙을 학습해왔다. 침실은 마치 박물관처럼 꾸며놓아야 하고, 절대 신발을 신고 마루를 걸어서는 안 된다고 배웠다. 별로 더러워 보이지 않을 때도 차를 꼭 닦아야 한다고 배웠다. 친구를 초대할 때는 꼭 엄마에게 미리 알려야 한다고 배웠다. 부엌은 음식을 한 번도 먹지 않은 곳처럼 보여야 하고, 옷은 늘 광고모델처럼 입어야 한다고 배웠다.

이런 규칙들은 명시적으로 주어지지 않지만 그 집의 문화로 저절로 습득된다. 이렇게 자란 아이는 엄마의 작은 왕국 규칙들로 문명화된다. 그러다 십대가 되어 아이가 큰 사고를 저지른다. 엄마의 새 차를 끌고 나갔다가 망가뜨렸고, 긴장하며 고백하다가 새로 산 흰색 소파에 음료수를 쏟았다. 엄마의 왕국에서 절대 허용되지 않는 일들이다. 이제 그 아이는 엄마의 분노를 피할 길이 없다.

우리 모두는 폐쇄공포를 일으킬 만큼 작은 자신만의 왕국을 건설하려는 경향이 있을 뿐 아니라 주변 사람들도 그 왕국의 규칙을 지키기 원한다. 그래서 우리 모두는 주변 사람들을 자기 문화에 따르도록 만드는 방법을 가지고 있다.

약혼한 여자는 약혼자가 자기가 바라던 칭찬을 해주지 않으면 토라지는 방식으로 상대방을 괴롭혀 자기 왕국의 규칙을 약혼자에게 문화화한다. 이렇게 토라져서 말을 안 하는 상황이 네다섯 번 반복되면 약혼자는 그 규칙을 알게 되고 규칙을 지켜야 할 필요성을 학습하게 된다.

신문을 읽을 때 집 안이 조용하고 평화롭기 원하는 아버지는 불같이 화를 내는 방식으로 가족을 문화화한다. 그러면 곧 온 가족이 아빠가 신문을 손에 들고 있을 때는 살금살금 걷게 된다.

자신의 성공에 사로잡힌 상사는 협박과 상을 이용해 부하직원들이 자신의 규칙을 지키도록 문화화한다. 머지않아 부하직원들은 '문명화되어' 시키는 대로 규칙을 지키게 된다.

고등학생들은 좀 어색하게 옷을 입은 친구들을 놀리는 방식으로 자신들의 외모 문화를 또래들에게 주입시킨다. 놀림받은 아이는 신속히 그 규칙들을 배워 엄마가 자기 옷 고르는 걸 거부하고 또래에게 '인정받는' 옷만 입기로 결심하게 된다.

각각의 예에서 보듯 사람들은 문명화된다. 즉 작은 왕국의 규칙들을 배우고 그 규칙들을 지키지 않을 때 어떤 일이 일어날지 보게 된다. 주변 사람들이 자기 왕국의 목적을 위해 일하도록 만드는 방법은 일종의 문명을 건설해서 주변 사람들을 문명화하는 것이다.

분간하기 힘들다

문제는 이처럼 심오하고 삶을 형성하는 왕국 건설의 모든 행위가 너무나도 평범한 일상 속에서 이루어진다는 점이다. 왕국 건설은 언제나 (내가 살고 있는 곳이기에) 사소하고 잘 깨닫지 못하는 순간에 이루어진다. 아무도 이렇게 말하지 않는다. "난 지금 왕국을 건설하고 있어. 나랑 관계를 맺고 싶으면 내 왕국의 규칙들을 지켜야 해." 또 "나를 중심으로 하는 나만의 왕국의 영광을 구하기 위해 하나님 나라의 영광을 버리기로 결심했어."라고 말하는 사람도 없다. 오히려 죄로 인해 눈이 가려진 채 소소한 순간들을 살아간다는 사실 때문에 우리의 왕국 건설은 많은 부분 의식적인 의도 없이 이루어진다. 게다가 성경적 도덕성은 주님이 우리 마음의 주인이 되시는 것이 아니라 일련의 규칙을 지키는 것이라고 규정하고 있어서 우리 마음에서 일어나는 왕국 간의 갈등을 거의 눈치채지 못한다. 그 결과 **우리의 삶은 큰 왕국의 규칙들**(하나님의 왕국)**과 작은 왕국의 규칙들**(자기 왕국)**이 혼잡하게 뒤섞여 형성된다.**

가정에서 아빠들은 하나님의 율법을 어겼을 때만 화를 내는 것이 아니라 자기 법을 어겼을 때도 화를 낸다. 엄마들은 자녀가 하나님의 기준을 내면화하는 것에만 열심을 내는 것이 아니다. 엄마 자신의 문명도 내면화하기를 원한다.

아이들은 큰 왕국의 규칙을 어기는 것만큼 작은 왕국의 규칙을 어기는 것도 부모의 관심을 끈다는 걸 경험하게 된다(어떤 때에는 작은 왕국의 규칙을 어기는 것에 더 민감하게 반응한다).

이와 같이 평범한 현대 기독교인 가정에서는 정신없이 바쁜 스케줄 속에서 이 두 가지 율법 체계가 더욱 뒤섞여 있어서 이 둘을 분리해내는 것이 너무나 어렵다. 하나님을 섬긴다고 말하면서도 우리의 모든 의도와 결정과 행동을 결정하는 또 다른 문명이 있다.

우리가 어떤 왕국을 짓고 있는지 분간하기 힘들고 혼동되어 있다. 초월을 받아들인다고 하면서 실생활에서는 개인적인 관심의 영역으로 우리의 삶이 축소된다. 믿음을 버리지는 않았지만 우리가 세우는 진짜 왕국은, 즉 우리가 날마다 살고 일하는 왕국은 한 사람만의 왕국이다.

자기 문명의 특징

우리의 왕국 건설은 교묘하게 다른 사람을 문명화하기 때문에 작은 왕국의 모습을 아는 것이 중요하다. 어느 누구도 자기가 작은 왕국을 살고 있다고 생각하지 않는다. 자기 문명은 그만큼 미묘하다. 우리 모두에게는 자신이 하나님을 위해 살고 있다고 믿으려는 경향이 있다.

그러나 슬프게도 대부분의 사람은 두 왕국의 정책이 위험하게 뒤섞인 채 살고 있다. 작은 왕국의 동기를 가지고(존경받거나 인정받으려는 동기) 큰 왕국의 일들(다른 사람을 섬기는 일)을 할 수 있다. 혹은 동시에 두 가지를 다 할 수도 있다(다른 사람을 섬기면서 그가 나에게 행한 어떤 일에 화를 낸다). 죄의 관성은 언제나 큰 왕국에서 멀어져 작은 왕국을 향하게 한다는 것을 기억해야 한다. 왕국 간의 갈등은 정말 전쟁이다. 영적 전쟁이다.

문제는 엄청난 싸움들이 너무나 소소한 순간에 벌어져서 그것이 주는 교훈을 거의 알아채지 못한다는 것이다. 하나님의 백성들이 영적 불구 상태로 걸어 다니면서도 그 사실을 모를 수 있다. **입으로는 큰 왕국을 위해 충성한다고 하면서 실제 삶에서는 작은 왕국의 성공을 위해 싸울 수도 있다.** 따라서 작은 왕국의 특징을 제대로 아는 것이 매우 중요하다. 지금부터 한 가지씩 소개하며 논해보겠다.

자기 초점

이것은 지금까지 계속 다룬 내용이다. 작은 왕국은 자신의 왕국이다. 개인적인 욕망과 필요에 따라 움직인다. 그 눈이 언제나 안을 향하고, 나에게 무엇이 가장 유리하냐에 따라 규칙이 결정된다. 내가 필요하다고 느끼고 내가 소중하다고 생각하는 것으로 모든 관계와 활동을 제한한다. 그렇게 하는지도 모른 채 '내가 얻는 것이 무엇인지'를 계산하는 태도로 살아간다. 내가 원하는 것을 줄 수 있을 때는 상대를 사랑하지만, 무심결에 내가 원하는 것을 빼앗아가면 즉각적으로 화를 내며 싸우려 할 것이다. 입으로는 하나님을 두려워하는 자라 말하지만, 실제로는 우주의 중앙에 내가 있다. 작은 왕국의 유일하면서도 가장 유력한 초점은 바로 자기 자신이다. 나에게 무엇이 '좋으냐'가 이 작은 왕국의 법이다.

당신의 대화와 결심과 행동은 누구의 '유익'을 구하는가?

자기 의

하나님의 거룩함과 영광에 초점을 맞출 때만 나 자신을 정확하게 볼 수 있다. 자기 의는 나의 현실을 보지 못하게 만들고, 나의 죄보다 다른 사람의 죄를 더 크게 보게 만든다.

내가 다른 사람에게 화를 내는 이유는 그들이 죄를 지었기 때문이 아니라 그들이 죄를 지음으로 인해 내가 필요하다고 확신하는 것을 얻는 데 방해가 되기 때문이다. 내 인생에서 나만큼 영향력 있는 존재가 없기 때문에, 또 나만큼 나에게 말할 수 있는 존재가 없기 때문에 내가 나에 대해 스스로 하는 말이 너무나 중요하다.

나의 작은 왕국은 하나님의 계시보다 나의 내면의 대화에 지배되므로 나 자신을 겸손하고 정확히 보도록 장려하지 않는다. 그 대신 자신에 대한 견해가 '내 의에 대한 주장들'("내가 그들을 위해 이걸 했어.")과 '내 죄를 감추는 그럴듯한 거짓말'("그건 험담이 아니었어. 그들이 알아야 기도할 수 있다고 생각해서 그런 거야.")로 채색된다.

슬프게도 주일에는 받은 은혜를 즐거이 찬양하다가 주중에는 자기가 한 일이 양심에 걸리지 않도록 스스로를 변명하기에 급급하다. **매일의 삶 속에서 당신에게 용기를 주고 소망을 주는 것은 누구의 의인가?**

자기만족

작은 왕국에서 가장 큰 문제는 '내 삶에 만족하는가?'다.

우리 아버지는 "정말 미치겠군!"이라는 말을 자주 하셨다. 만족하지 못하겠으니 뭐든 해보라는 의미였다. 다시 말하지만 이 모든 일은 우리의 사소한 일상 속에서 일어난다. 작은 왕국에서 가장 큰 문제는 '내 삶을 통해 하나님이 영광을 받으시는가?'가 아니다. '하나님의 은혜로 내가 그분의 목적을 위해 그분의 계획대로 살았는가?'도 아니다.

또한 작은 왕국은 결정적으로 다음과 같이 질문하지 않는다. '내가 다른 무엇보다 하나님을 더 사랑하고, 나 자신보다 이웃을 더 사랑했는가?' 이런 질문 대신 작은 왕국은 오직 한 가지만 묻는다. '나 자신과 내 삶이 만족스러운가?' 이 질문에 만족한다면 자신만의 왕국은 잘 돌아갈 것이다. **당신은 누구를 만족시키려 하는가?**

자기 의존

작은 왕국의 문화는 하나님, 그리고 다른 사람들과 겸손히 공동체를 이루는 문화가 아니다. 이 왕국에서는 다른 사람에게 다가가 그들과 영적으로 상호 의존하지 않는다.

자기 의는 언제나 자기 의존으로 이어진다. 내가 의롭다고 확신하는 만큼 하나님과 다른 사람들이 필요하지 않다. 나만의 왕국에서는 오직 내 목적을 위해 내 힘으로 산다. **나만의 왕국은 내가 강해지고 내가 통제권을 가진다. 나만의 왕국은 영적 연약함, 궁핍, 은혜와는 상관이 없다. 당신은 도움이 필요하다는 것을 인정하며 하나님과 다른 사람들과 겸손히 날마다 공동체를 이루며 살고 있는가?**

자기 통치

작은 왕국에서 최고의 법은 나의 법이다. 나 자신을 위해 살 때 내가 법이 되는 것은 당연하다. 나와 다른 사람을 판단하는 기준을 내가 세운다. 한 사람만을 위한 왕국의 최고의 의지는 나의 의지다.

이 왕국에서는 내가 필요하다고 결정한 것이 언제나 최고의 도덕적 가치가 된다. 내가 경험하기 원하는 것을 내가 결정한다. 이 왕국에서는 나를 사랑하고, 내 인생을 위한 최고의 계획을 세운다. **당신의 삶과 관계 속에서 누구의 통치가 가장 관심을 끌고 가장 빠른 반응을 얻는가?**

자기 영광

매일 벌어지는 이러한 왕국 간의 싸움은 서로 영광을 얻으려는 싸움이다. 우리 마음이 현실적인 이 땅의 희미한 영광들의 통치를 받는가, 아니면 하나님의 영광에 합당한 단 하나의 영광에 의해 통치를 받는가?

우리는 죄인이기에 자기 나름대로 영광의 정의를 내리려 하는 경향이 있다. 겉으로는 신학적 신념을 따르고 교회라는 공적인 삶에 참여하는 것처럼 보이지만, 실제로 구하는 것은 자기 영광이다. **당신은 누구의 영광을 위해 그렇게 말하고 행동하는가?**

싸우는 이가 있다!

그렇다. 이 싸움에는 은혜가 있다! 예수 그리스도의 인격과 사역 안에서 하나님은 우리가 이러한 왕국들 간의 싸움을 감당하도록 충분히 대비해두셨다. **그분의 은혜는 나로 채워진 당신의 왕국에 구멍을 내고, 구속하시는 사랑으로 계속해서 당신을 끌어낸다.**

이에 대해 바울은 다음과 같이 말한다. "그가 우리를 흑암의 권세에서 건져내사 그의 사랑의 아들의 나라로 옮기셨으니 그 아들 안에서 우리가 속량 곧 죄사함을 얻었도다"(골 1:13-14). 지금까지 살펴본 왕국 간의 싸움을 위해 하나님께서 우리에게 무엇을 주셨는지 살펴보자.

작은 왕국의 권세를 깨트리셨다(롬 6:1-14 참조)

우리는 하나님의 자녀로서 더 이상 작은 왕국의 지배 아래 살지 않는다. 자신에게 갇혀 있던 삶에서 자유하게 되었다. 예전에는 자기중심적인 방법으로 바라고, 생각하고, 말하고, 행동했지만, 지금은 은혜로 그러한 속박을 끊어버렸고, 새롭고 더 나은 삶의 방식을 갖게 되었다.

그리스도께서 십자가의 끔찍한 고통과 죽음을 견디신 이유는 우리가 미래에 영원히 살도록 하기 위해서일 뿐 아니라 지금 여기서 개인의 행복보다 더 초월적인 무언가를 위해 살도록 하기 위해서다. **십자가는 피조물의 그늘진 영광이 당신의 마음을 주장하지 못하게 하고, 당신의 마음이 오직 예수님 안에서 발견할 수 있는 초월적인 영광을 추구하도록 만든다.** 그렇다. 당신은 당신의 작은 문명이라는 쓸모없는 한계에서 벗어나 그분의 왕국이라는 큰 하늘나라에서 매일 살며 일할 수 있다.

이기적인 욕망, 생각, 말, 행동에 대한 모든 빚을 갚으셨다

당신은 더 이상 자기의 모든 이기심을 자백하는 것을 두려워할 필요가 없다. 더 이상 자신의 생각과 동기를 감출 필요가 없다. 다른 사람을 비난하거나 자기 속죄의 논리로 죄를 덮을 필요가 없다. 자신에 대해 좀 더 나은 감정을 느끼려고 참회(자기 속죄)를 할 필요가 없다. 양심을 편하게 해 줄 성경구절을 찾을 필요도 없다. 당신의 빚은 완전히 지불되었다. 당신이 받아야 할 벌을 다른 사람이 받았다. 당신 대신 당신이 받아야 할 저주를 받은 분이 있다. 바울은 말한다. 하나님이 "우리의 모든 죄를 사하시고 우리를 거스르고 불리하게 하는 법조문으로 쓴 증서를 지우시고 제하여 버리사 십자가에 못 박으시고"(골 2:13-14). 하나님의 자녀인 당신은 지금껏 자신에게 집중하여 독립적이고 반역적으로 행했던 모든 행위를 용서받았다. 다른 무엇보다도 하나님을 사랑하고 이웃을 사랑해야 하는데 그러지 못했던 모든 실패의 빚으로부터 자유로워졌다.

이제 더 이상 숨어 살지 않아도 된다. **용서하시는 은혜로 우리는 어둠에서 나오게 되었고, 거부와 죄의식과 두려움, 부끄러움의 짐을 벗게 되었다.** 그 용서를 당신의 것으로 받아들이고 고백하도록 초청받았다.

십자가 위에서 그리스도는 당신을 복종하게 할 능력을 얻으셨다

당신의 마음을 붙들고 있던 작은 왕국의 권세가 무너지긴 했지만, 작은 왕국의 생각과 욕망들은 여전히 당신 안에 남아있다. 그래서 십자가는 매일 당신의 삶에서 능력을 발휘한다.

바울은 말한다. "통치자들과 권세들을 무력화하여 드러내어 구경거리로 삼으시고 십자가로 그들을 이기셨느니라"(골 2:15). 이제 당신은 작은 왕국의 자기중심적인 정책에 대해 "아니!"라고 맞설 수 있다. 직장에서, 가족과 함께 있을 때, 이웃과 있을 때, 친구와 저녁 식사를 할 때, 아이를 훈육할 때, 배우자와 논쟁을 벌일 때, 당신 홀로 그 일을 하고 있는 것이 아니다. 상상을 뛰어넘는 능력이 당신에게 주어졌다! 분투하던 에베소 교인들에게 바울이 한 말을 들어보라. "우리 **가운데서** 역사하시는 능력대로 우리가 구하거나 생각하는 모든 것에 더 넘치도록 능히 하실 이에게"(엡 3:20, 저자 강조). 예수 그리스도께서 십자가를 지신 결과 중 하나는 성령을 선물로 받은 것이다.

놀라운 능력과 영광을 가지신 하나님이 당신 안에 내주하시기 위해 오셨다. 이로 인해 당신은 이 타락한 세상 속에서 당신이 직면하는 엄청난 유혹 속에서도 하나님께서 원하시는 모습이 될 수 있고 하나님이 주신 사명을 감당할 수 있다. 뿐만 아니라 그분의 능력은 한계가 없기에 그저 한 번만 그분의 큰 왕국을 위해 살 수 있는 능력을 얻는 것이 아니라 계속해서, 반복적으로 그렇게 살 수 있다. 당신의 심령 안에 그분이 계심으로 인해 계속 그렇게 할 수 있다.

왕국 간의 갈등이 끝날 것이다

평화의 때가 오고 있다. 그때는 영원히 지속될 것이다! 악하고 속이기 잘하는 대적에게 더 이상 속고 유혹당하지 않는 날이 올 것이다. 삶이 더 이상 전쟁터가 아닌 날이 올 것이다. 더 이상 실패를 고백하며 도움을 구하지 않을 날이 올 것이다. 더 이상 모든 생각을 점검하고 모든 동기를 점검하지 않아도 될 날이 올 것이다. 언젠가 작은 왕국은 최종적으로 영원히 무너져 다시는 일어나지 못할 것이다.

그날에는 즐거이 하나님의 영광을 온전히 바라는 소망이 모든 사람의 마음을 다스릴 것이다. **최고의 전쟁**(살아있는 모든 사람의 마음속에서 벌어지는 왕국 간의 치열한 전쟁)은 결국 끝날 것이다. 하나님의 왕국이 이길 것이다! 왕 중의 왕이 다스릴 것이다! 평화가 올 것이다!

그때까지는 왕국 간의 전쟁이 계속된다. 이 전쟁은 무엇보다 초점을 차지하려는 전쟁이다. 하나님은 우리를 사랑하시기에 우리를 나만의 작은 왕국에 내버려두실 수 없었다. 내가 중심을 차지하면 하나님이 더 이상 중심 무대를 차지하실 수 없기 때문이다. 데이빗 핸더슨은 다음과 같이 말한다.

> 하나님이 더 이상 중심 무대를 차지하지 않으시기에 자기사랑, 자기표현, 자기확신, 자기충족처럼 성경에 전혀 나오지 않는 용어들이 교회에서 벌어지는 대화를 점령하기 시작한다. 반면 성경에서 찾아볼 수 있는 또 다른 '자기'라는 단어가 사용된 단어들인 자기복종, 자기희생, 자기부인, 자기통제 같은 단어들은 금세 사용하지 않게 된다. 자기 자신이 중심에 서면서 거룩한 하나님, 타락한 자아, 예수 그리스도를 통해 자격 없이 받은 은혜의 선물, 우리 인생을 향한 하나님의 부르심 같은 개념들은 밀려나게 된다. 이렇게 되면 우리가 의사소통하는 것(혹은 우리의 삶)은 설교를 하고 믿음을 나눈다 해도 진짜 기독교가 아니다. 기독교에서 자아가 설 수 없는 유일한 자리가 바로 중앙이기 때문이다. 중앙은 오직 하나님만이 계실 수 있다.

따라서 주님은 우리를 위해 싸우시고, 싸움이 끝날 때까지 결코 쉬지 않으실 것이다. 지금 당장 그분의 군사가 되어 헌신하는 것이 어떨까?

먼저 자신의 삶 속에서 당신을 문명화하는 것이 무엇인지 살펴보는 것으로 시작해야 한다. 앞에서 제시한 작은 왕국의 특징들을 스스로에게 질문해보라. 숨어있지 말고 자신의 잘못을 고백함으로써 용서받았음을 확실히 붙들라. 그런 다음 자신이 '성령의 전'임을 확실히 하고 용기를 내어 새로운 삶의 첫발을 내딛으라. 그러면 **하나님 나라에서 경험하게 될 은혜라는 신선한 공기를 마시고 영광이라는 초월적인 전망을 보게 될 것이다.**

당신이 그분의 자녀라면 그분의 십자가가 이미 당신을 이러한 영광과 은혜라는 문명의 시민으로 만드신 것이다. 그런데 왜 자신만의 작은 왕국으로 돌아가려 하는가?

당신은 어떤 방식으로
당신 주변의 사람들이
당신의 자기 왕국 규칙들을 따르게 하는가?

당신의 왕국은
어떤 가면을
쓰고 있는가?

6

욕심을 섬김으로 위장하지 말라

변장 자기가 아닌 어떤 사람이나 어떤 것을 흉내 내는 것

자기 왕국의
가장 큰 위험은
하나님 왕국인 체하는 것이다

유명한 첩보 영화 '미션 임파서블'(Mission Impossible)에서 본 극적인 순간이 있다.

관객들은 몰랐지만 미션 임파서블 요원은 적이 잘 아는 사람의 모습으로 라텍스 가면을 쓰고 있었다. 그 가면은 매우 탄력성 있고 진짜 같아서 실제 사람의 피부처럼 보였다. 중요한 순간에 그 정부 요원은 얼굴에서 그 '피부'를 벗겨내고 악당들에게 자신의 정체를 드러낸다.

어린 시절에 본 매우 흥미진진한 장면이었다. 당시에는 나중에 커서 라텍스 가면을 쓰는 요원이 되는 꿈을 꾸기도 했다. 악한 음모를 꾸미던 악당들 앞에서 얼굴 가면을 뜯어내는 장면을 상상하곤 했다. 요원이 되어 라텍스 가면을 마음껏 사용하는 상상을 했다. 정부가 지원하는 변장 왕국의 일원이 되고 싶었다. 그렇게 '가면 왕'이 되고 싶었다.

죄인인 나는 여전히 변장 왕국의 왕이 되고 싶어 한다. 알다시피 작은 왕국(자기 문명)의 문제는 큰 왕국(하나님 왕국)처럼 옷을 입고 가면을 쓰고 있다는 것이다.

의롭고 선한 것들로 가면을 쓰고 있지만, 실제로는 자기 영광에 마음이 빼앗겨 있다. **가장 위험한 자기 초점을 하나님 나라의 선한 일들로 변장하고 있다.**

인도 신학자인 비노스 라마찬드라(Vionth Ramachandra)는 이에 대해 다음과 같이 설명한다.

> 복음은 하나의 종교 상품으로 포장되어 팔리고 있다(온갖 현대 광고 기술을 무비판적으로 사용하고 있다). '마음의 평화', '천국 가는 방법', '건강과 번영', '내적 치유', '문제에 대한 해답' 등을 제공한다고 광고한다. '하나님을 믿는 믿음'의 좋은 점으로 감정적 안정, 이생에서의 물질적 축복, 내생을 위한 보험을 종종 홍보한다. 이런 식으로 설교할 때는 현 상황의 문제들을 거론하지 않는다. 사람들이 갖고 있는 삶의 전제들에 대해 근본적이고 곤란한 질문을 제기하지 않는다. 창조주 하나님의 자리를 차지하고 있는 거짓 신들을 위협하지도 않는다. 오히려 거짓 신들이 그 숭배자들을 더 꽉 붙들도록 힘을 더해준다. 이런 '복음'은 본질적으로 현실도피적인 것으로, 구약의 거짓 예언자들이 전하던 가짜 복음이 그대로 전해진 것이다. 현대인들이 살고 있는 세속적인 소비지상주의 문화에 종교의 옷을 입힌 것에 불과하다.

성경에는 자기 왕국이 걸친 가면들에 대해 많은 경고가 나온다. 그리스도께서는 산상설교에서 이에 대해 경고하신다. "거짓 선지자들을 삼가라 양의 옷을 입고 너희에게 나아오나 속에는 노략질하는 이리라"(마 7:15).

그리고 바울은 고린도 교인들에게 이렇게 편지했다. "그런 사람들은 거짓 사도요 속이는 일꾼이니 자기를 그리스도의 사도로 가장하는 자들이니라. 이것은 이상한 일이 아니니라. 사탄도 자기를 광명의 천사로 가장하나니 그러므로 사탄의 일꾼들도 자기를 의의 일꾼으로 가장하는 것이 또한 대단한 일이 아니니라. 그들의 마지막은 그 행위대로 되리라"(고후 11:13-15).

빌립보서 1장 15-16절에서 바울은 이기적인 목적을 위해 복음을 전하는 사람들에 대해 말한다. 갈라디아서에서는 진짜 복음의 옷을 입은 가짜 복음에 대항하라고 경고하면서 강한 어조로 이렇게 말한다. "그리스도의 은혜로 너희를 부르신 이를 이같이 속히 떠나 다른 복음을 따르는 것을 내가 이상하게 여기노라. 다른 복음은 없나니 다만 어떤 사람들이 너희를 교란하여 그리스도의 복음을 변하게 하려 함이라." 그런 다음 더욱 강하게 다음과 같이 덧붙인다. "그러나 우리나 혹은 하늘로부터 온 천사라도 우리가 너희에게 전한 복음 외에 다른 복음을 전하면 저주를 받을지어다"(갈 1:6-8).

바울이 왜 이토록 격앙되어 있는 것일까? 자기 왕국이 하나님 나라 왕국의 옷을 입고 있을 때가 가장 위험하기 때문이다.

우리는 실제로는 우리 자신을 위해 살고 있으면서 하나님 나라의 초월적인 영광을 위해 살고 있다고 스스로 확신할 수 있다. 정말 조심해야 한다! 두려워해야 한다! 작은 왕국은 변장 왕국이고, 변장 왕국의 왕 사탄에 의해 기만적으로 선전되고 있다.

작은 왕국은 예배 참여와 순종과 사역이라는 라텍스 가면을 주기적으로 착용할 것이다. 겉으로는 왕 중의 왕을 섬기는 것처럼 보이지만 실제로는 날마다 자기 보좌 앞에 절하고 있다. 이 땅에 매인 보화와 근심에 매인 필요에 이끌리기 때문에, 그 예배는 자신을 경배하는 예배일 뿐이다. 라마찬드라는 이렇게 말한다.

이런 종교(기독교의 모습이든 다른 종교의 모습이든)는 성경적 정의로 보면 **우상 숭배**다. 왜냐면 우상 숭배의 핵심은 자기 자신과 어느 한 '그룹'(가족이든 회사든 민족이든 국가든)의 안전과 복지를 위해 '하나님', 혹은 눈에 보이지 않는 '영적 세계'를 조작하려는 시도이기 때문이다. 반대로 성경적 믿음은 예수 그리스도의 삶과 죽음과 부활에서 선명히 드러났듯이, 하나님을 향한 전적인 신뢰와 사랑 안에서 우리의 온 존재를 과감히 포기하는 것이다. 그래서 대가를 치르면서도 이 세상의 온갖 악과 부당한 고난을 직면하게 한다. 이런 믿음은 다른 사람들이 주는 고난과 혼란을 기꺼이 감수하려 하고, 자기 자신에 대한 불확실성도 기꺼이 받아들이려 한다. 그러면서 **이미 우리 안에서 역사하고 있는** 미래를 향해 나아간다.

우리에게 가장 위험한 우상은 쉽게 기독교화된 것들임을 아는 것이 중요하다.

이기심은 섬김으로 가장할 때 가장 위험하다. 자기 초점은 사랑의 옷으로 가장할 때 무서운 힘을 발휘한다. 이 땅의 보화는 영적인 필요의 모습을 가질 때 커다란 유혹이 된다. 우상들은 하나님이라는 라텍스 가면을 쓸 때 제일 나쁜 일을 한다.

작은 왕국은 변장 왕국이기 때문에 하나님 나라를 위해 헌신한 사람들에게 가깝고도 현재적인 위험을 안겨준다.

변장 왕국의 열매

눈에 보이는 큰 왕국이라 할 수 있는 오늘날의 교회를 조사해보면 작은 왕국의 열매를 금세 발견하게 될 것이다.

이렇게 한번 생각해보자.

건강한 다이어트를 열심히 하고 있다고 치자. 적어도 겉으로는 규칙을 잘 지키고 있다. 그러면서 몰래 많은 양의 초코칩 쿠키를 먹고 있다면 두 가지 결과가 발생할 것이다. 먼저는 쿠키 통에 있는 쿠키가 이상하게 점점 사라지기 시작할 것이다. 두 번째는 몸무게가 빠지기는커녕 늘어날 것이다.

이러한 두 가지 결과가 나타났다면 건강한 다이어트를 하지 않은 것이 분명하다. 즉 다이어트로 변장했지만 전혀 다이어트가 아니었고 오히려 더 교묘한 과식이었음이 드러난다.

마찬가지로 **당신의 삶과 동료 기독교인들의 삶을 볼 때, 하나님 나라의 초월적인 영광을 위해 기쁘게 헌신할 때 얻는 열매가 아닌 다른 열매들이 보일 것이다.**

겉으로는 왕을 위해 살아가는 척해도 실제로는 자기 자신을 섬길 때 얻는 열매들이다. '덜 가치 있는' 것이 '더 가치 있는' 것의 옷을 입었기에 당연히 나쁜 열매다.

하나님 나라의 초월적인 영광이 매우 교묘한 방법으로 이 땅에 매인 보화와 근심에 매인 필요들로 축소되어 왔다. 아버지를 기억하고 그분의 나라를 위해 마음껏 헌신할 때 맺는 열매가 아니다. 오히려 하나님 아버지를 망각하고 내가 필요하다고 생각한 것을 얻으려 할 때 맺는 열매다. 기억할 것은 이 모든 일이 예배와 순종과 사역의 형태로 벌어진다는 것이다.

하나님 나라의 모습으로 변장한 자기 왕국의 세 가지 열매를 함께 살펴보자.

복음에 대한 열정과 감격이 부족해진다

복음의 영광에 대해 우리가 얼마나 무심해질 수 있는지 놀라울 정도다! 물론 너무 잘 알아서 그럴 수 있다. 그러나 나 자신과 다른 사람들을 관찰해본 결과, 그보다는 좀 더 깊은 문제가 있는 게 확실하다.

복음(하나님의 영광을 위해 살도록 하나님의 임재 안으로 받아들여졌다는 사실)**이 더 이상 목적이 아니고 목적을 위한 수단이 될 때, 나의 열정은 복음을 위한 것이 아니라 복음이 나에게 줄 것이라고 생각하는 것을 위한 열정이 될 것이다.**

예를 들어 복음에 감사하긴 하지만 나를 정말로 흥분시키는 것은 하나님과의 관계를 통해 내가 정말로 원하는 것, 예컨대 내가 꿈꾸던 결혼을 할 수 있게 될 거라는 소망이다.

초신자였을 때 드루(Drew)는 주님의 일에 정말 열심이었다. 성경공부를 아무리 많이 해도 부족한 듯했다. 신앙서적도 손에 잡히는 대로 최대한 많이 읽었다. 설교를 들을 때는 다 받아 적었다. 교회 모임에도 다 참석했다.

그러나 5년이 지난 지금 드루는 다른 사람이 된 것 같다. 설교 시간에 받아 적던 노트도 더 이상 들고 다니지 않는다. 교회 소모임에도 거의 참석하지 않고, 예배 시간에 맞춰 나오는 것도 힘들어한다.

드루에게 무슨 일이 있었던 것일까?

많은 신자에게 같은 일이 일어난다. 드루가 처음 그리스도께 나아왔을 때 그는 외로운 청년이었다. 자신은 몰랐겠지만 그가 복음에 대해 느낀 열정은 그리스도의 은혜와 영광에 대한 것이 아니었다.

그가 교회에서 찾은 것은 그가 늘 바라던 친구 관계였다. 드루는 교회에서 가족을 찾았다.

좋은 일이긴 하지만 이것이 영적으로 문제가 되는 이유는 진짜 목적(그리스도와 사랑의 관계를 맺는 것)이 다른 목적(사람들에게 받아들여지는 것)을 위한 수단이 되었기 때문이다. 즉 큰 왕국의 영광이 작은 왕국의 보물을 경험하는 방편이 되어버렸다.

더욱이 세상에서 죄인들끼리 맺는 이러한 관계는 결함이 있을 수밖에 없다. 그 결과 복음에 대한 열정이 점점 식어가게 된다.

이러한 드루의 모습을 통해, 그가 새로 갖게 된 신앙에 열심을 냈던 것은 하나님 왕국의 옷을 입었을 뿐 실상은 자기 왕국을 향한 것이었음이 드러났다.

하나님과 기독교에 실망한다

30년간 상담일을 하면서 하나님에 대해 실망했거나 기독교에 환멸을 느끼는 사람을 많이 만나보았다. 그들의 이야기를 참을성 있게 신중히 들으려고 노력해왔다.

이야기마다 다 다르고 독특하지만, 그 이야기들이 관통하는 한 가지 주제가 있었다. 그들이 하나님, 혹은 기독교에 대해 실망한 것은 하나님이 신실하지 않으시거나, 사랑이 없으시거나, 성경의 가르침이 거짓으로 판명되었기 때문이 아니었다. 그들이 실망한 것은 하나님의 사랑과 성경의 가르침이 그들의 삶에서 어떤 구체적인 일로 드러날 거라고 생각했기 때문이었다. 그렇게 생각했던 일들이 이루어지지 않았을 때 실망하게 되는 것은 당연하다.

마릴린이 불신자 남편과 이혼하면서 했던 말에 이 점이 잘 드러난다. 그녀는 이렇게 말했다. "솔직히 처음 그리스도를 믿었을 땐 이럴 거라고 생각하지 않았어요."

시편을 보면 마릴린과 같은 고백을 하게 된다. 시편에서 보여주는 믿음의 삶은 결코 이상적이거나 아름답거나 쉽지 않다. 하나님과 동행하는 삶은 고통스럽고 두렵고 슬프다.

시편은 기도가 응답되지 않고, 하나님이 멀리 계신 것 같고, 사탄이 이기는 것 같은 삶을 보여준다. 그러면서 **시편은 하나님이 행하시는 방법이 우리 생각보다 더 중요함을 믿으라고 요청하고, 죄악으로 엉망이 된 이 세상 속에서 그 믿음을 가지고 살아내라고 요청한다.** 그렇게 할 때 가장 큰 기쁨을 맛볼 수 있다고 말한다. 우리가 주님의 언약적 사랑에 소망을 두고 그분의 영광을 우리 삶의 목표로 정할 때 가장 큰 기쁨을 맛보게 된다고 말한다.

작은 왕국이 소중히 여기는 보물을 닮아간다

시편 115편 1-8절 말씀을 살펴보자.

여호와여 영광을 우리에게 돌리지 마옵소서.

우리에게 돌리지 마옵소서.

오직 주는 인자하시고 진실하시므로

주의 이름에만 영광을 돌리소서.

어찌하여 뭇 나라가

그들의 하나님이 이제 어디 있느냐 말하게 하리이까.

오직 우리 하나님은 하늘에 계셔서

원하시는 모든 것을 행하셨나이다.

그들의 우상들은 은과 금이요

사람이 손으로 만든 것이라.

입이 있어도 말하지 못하며

눈이 있어도 보지 못하며

귀가 있어도 듣지 못하며

코가 있어도 냄새 맡지 못하며

손이 있어도 만지지 못하며

발이 있어도 걷지 못하며

목구멍이 있어도 작은 소리조차 내지 못하느니라.

우상들을 만드는 자들과

그것을 의지하는 자들이 다 그와 같으리로다.

시편 115편은 많은 가르침을 주지만 그중 제일 중요한 원리는 **'네가 바라는 보물처럼 될 것이다.'**이다. 매우 설득력 있고 정확한 원리다.

당신이 물질적인 것들을 위해 살면, 점점 더 물질적인 사람이 된다. 사람보다 물건에 더 신경 쓰게 되고, 그렇게 함으로써 당신이 갈망하는 물건처럼 변해간다.

이와 비슷하게 '통제'라는 작은 왕국의 보물을 위해 사는 사람은 어쩔 수 없이 권력에 집착하여 통제하는 사람이 된다. 관계를 통해 자신의 정체성과 의미를 얻는 사람은 사람들이 자신을 어떻게 생각하는지에 끌려 다니며 끝없이 사람들을 두려워하며 살게 된다.

그리스도를 소중히 여기며 추구할 때는 그리스도의 성품이 자라지만, 그러지 않을 때는 그리스도를 대신하는 것들의 자질이 자라게 될 것이다. 바로 이런 이유로 교회 안의 많은 사람이 그리스도를 닮아가지 않는 것이다.

예수님이 내가 바라는 보물이 아닌 정도에 따라 그분을 닮아가는 정도도 약해질 것이다. **오히려 내가 실제로 추구하고 있는 자기 왕국의 보물을 점점 더 닮아가게 될 것이다.**

어린 시절에 경험한 몹시 실망스러운 파티가 있었다.

그날 밤 가장 멋진 의상을 입은 사람에게 상을 준다는 말을 들었다. 옷에 관한 한 우리 아버지는 정말 창의적이었고 어머니는 훌륭한 재봉 솜씨를 갖고 계셨다. 그래서 부모님은 내가 살인자 복장을 잘 만들 수 있도록 도와주셨다.

큰 기대감을 가지고, 아주 그럴싸한 노인 복장을 하고 파티에 갔다. 파티에 도착해보니, 누군가 내가 누구인지 맞출 때까지는 가면을 벗을 수 없다는 규칙이 있었다.

내 복장은 너무 완벽해서 내 정체를 완벽히 숨길 수 있었다. 아무도 내가 누구인지 알아맞히지 못했다!

시간이 지나면서 분명해진 것은 정체를 들켜서 의상을 벗은 아이들만 마음껏 파티를 즐길 수 있었다는 사실이다. 그날 밤 나는 의자에 우두커니 앉아 재미있게 즐기는 아이들을 지켜봐야 했다. 마침내 누군가 나를 알아볼 때까지 말이다.

가면 벗기

이 세 가지(복음에 대한 열정 부족, 하나님과 기독교에 대한 실망, 그리스도를 닮기보다 내가 소중히 여기는 것을 닮아가기)를 통해 당신의 삶에 자기 왕국의 가면이 있는지 알아볼 수 있다.

혹시 하나님 나라를 작은 왕국의 보물로 축소하지는 않았을까? 주님의 일에 열심을 내는 것이 사실은 진짜 주님에 대한 열심이 아닌 것은 아닐까? 하나님과 그분의 왕국이 갖는 초월적인 영광이 목적 자체가 되지 못하고 다른 목적을 위한 수단이 된 것은 아닐까?

자기 왕국이 무서운 것은 가면을 쓰고 있기 때문이다. 하나님 나라와 똑같은 모습을 하고 있을 수 있다. 여전히 내 마음대로 생각하고 결정하고 말하고 행동하면서 하나님을 위해 살고 있다고 생각하기 쉽다.

사실은 이 피조세계의 흐릿한 영광에 소망을 두고 있으면서도 (하나님의 영광을 간절히 구할 때 얻게 되는) 하나님과 긴밀한 관계가 주는 초월적인 기쁨을 위해 살고 있다고 생각하기 쉽다.

사실은 자신만의 작은 방에 전보다 더 꼭꼭 갇혀있는데도 하나님 나라의 영적인 기운을 북돋는 공기를 마시기 위해 좁은 나만의 왕국을 나왔다고 생각하기 쉽다.

이 땅에 매인 보화와 근심에 매인 필요들을 그리스도를 향한 사랑과 이 땅에서 그분의 역사를 이루려는 열정으로 변장하는 것 또한 너무나 쉽다.

에덴동산에서 치명적인 속임수가 행해진 이후로 자기 왕국은 늘 변장 왕국이었다. 때문에 우리 삶의 크기가 자기도 모르는 사이 자기만의 삶의 크기로 축소되는 것이 너무나 쉽다.

변장 왕국과 진정한 왕

이제 자신에게 솔직해보자.

당신은 무엇을 추구하는가? 무엇을 위해 사는가? 당신만의 작은 왕국의 목적이 하나님 나라의 모습으로 변장하고 있는 영역은 없는가? 하나님과 동행해야 할 삶이 '당신과 당신만의 것'으로 축소되지는 않았는가? 현재 당신의 삶에서 정말로 당신을 흥분시키는 것은 무엇인가? 당신을 만족시키고 충만케 하는 것은 무엇인가? 당신이 소중히 여기는 것은 무엇이고, 어떤 기준으로 그 필요를 규정하는가? 이기심이 거룩함의 가면을 쓴 영역은 없는가? 당신의 작은 왕국이 너무나 완벽하게 변장을 하고 있어서 아무도 그 실체를 모르는 것은 아닌가? 매일의 삶 속에서 어떤 왕국이 당신의 마음을 차지하고 있는가?

스스로에게 이런 질문을 던질 때 오래전 어느 안식일에 우리 구세주께서 회당에서 이사야의 말씀을 인용하시며 그 말씀을 본인에게 적용하셨던 것을 기억하라.

주의 성령이 내게 임하셨으니

이는 가난한 자에게 복음을 전하게 하시려고

내게 기름을 부으시고 나를 보내사

포로 된 자에게 자유를

눈먼 자에게 다시 보게 함을 전파하며

눌린 자를 자유롭게 하고

주의 은혜의 해를 전파하게 하려 하심이라

(눅 4:18-19).

삶 속에서 작은 왕국의 실체를 드러내 물리치려는 싸움은 당신 혼자 하는 싸움이 아니다. 얼마나 기쁜 일인가!

우리 메시아께서 이 싸움을 위해 꼭 필요한 것을 우리에게 주신다. 작은 왕국이 우리를 가난하게 하기에 그분은 영원히 풍성한 은혜인 복음을 주신다. 작은 왕국이 우리를 얽어매기에 그분이 우리를 자유케 하시려고 십자가를 지셨다. 작은 왕국이 우리 눈을 멀게 하기에 그분이 은혜의 손을 얹으셔서 우리의 시력을 회복시켜 주신다. 작은 왕국이 우리를 억압하기에 그분이 우리를 사서 풀어주셨다. 우리는 주님 안에서 통찰과 자유를 가지고 살아가기에 필요한 모든 자원을 발견한다. 그리고 그분 왕국의 드넓은 창공의 공기를 마음껏 마신다.

다른 왕국에서는 우리의 소망을 찾을 수 없을 것이다. 우리에게 절실히 필요한 것은 우리가 세운 왕국으로부터 우리를 자유케 할 왕이시다. 그 왕은 우리를 위해 오셨고, 그분의 이름은 임마누엘이다! 그분을 구하라! 그러면 도움을 발견할 것이다!

현재 매일의 삶에서
사실은 당신 자신을 위해 살고 있으면서
하나님을 위해 살고 있다고
말하는 영역은 어디인가?

당신의 삶을
자신만의 것으로
축소하였는가?

7

현재가 아닌 영원에 투자하라

역학 행동이나 힘으로 상호 영향을 주는 체계나 과정

죄로 인해 우리 모두는
삶의 크기를
자신만의 크기로 축소한다

다른 행성에서 온 외계인이 아니라면 아마도 이것 때문에 성가셨던 적이 있을 것이다.

이것은 1차 세계대전 당시 프랑스 과학자 앙리 드쁘아(Henri DePoix)가 군인들을 위해 고기를 보관하려고 고안해냈다. 고온에서 분자를 팽창시켰다가 식힌 단순한 플라스틱이다. 군인들의 고기는 잘 보존되었고 이후 많은 용도로 사용하게 되었다. 아이들의 장난감이나 CD, 철물점에서 구입한 주머니칼 등이 모두 이것으로 포장되어 있다. 고서를 보호하는 데도 사용하고, 간절기에 스키를 보관할 때도 사용된다. 주변에서 늘 볼 수 있는 것이며 당신이 잘 아는 것이다. 바로 '압축 포장재'다.

압축 포장재의 놀라운 점은 실패하는 법 없이 언제나 제 역할을 한다는 것이다. 이것은 가장 성공적이고 예측 가능한 고안품 중 하나다. 어떤 물건을 싸든 딱 그 크기만큼 수축된다. 육포 한 조각이든, 아버지가 상으로 받은 낚싯배든, 그 모양대로 수축되어 벗겨내기 힘들다. 앙리 드쁘아는 군인들의 음식이 부패하는 것을 막기 위해 자신이 한 일이 이토록 모든 현대 소비자의 삶을 바꿔놓을지 몰랐을 것이다.

죄의 효력이 드쁘아의 고안품과 매우 흡사하다. 즉 그 영향력은 훨씬 광범위하다.

죄는 우리 마음의 '분자'에 근본적인 변화를 일으킨다. 우리 마음이 더 이상 하나님을 향해 깊이 자리잡은 사랑에 이끌리지 않는다. 다른 사람들을 향한 진정한 돌봄에도 더 이상 반응하지 않는다. 더 이상 주변 피조 세계에 책임감을 갖지 않는다. 더 이상 분명하게 옳고 그른 도덕적 잣대로 모든 것을 결정하지 않는다. 더 이상 모든 일이 즐겁고 감사가 넘치는 예배가 되지 못한다.

죄의 유전자는 이기심이고, 그 유전자는 우리의 우주를 우리만의 크기로 축소시킨다. 또한 죄는 궁극적인 압축력을 만들어낸다. 이것으로 인해 우리 모두는 어떤 방식으로든 우리 삶의 크기를 우리만의 삶의 크기로 축소하게 된다. 죄는 우리의 동기와 열정과 바람과 관심을 우리 삶의 크기로 축소시킨다. 축소된 자신만의 왕국 안에는 하나님이나 다른 사람들을 위한 공간이 없다. 죄가 우리를 압축 포장했다고 인정하는 것은 자신을 낮추는 것이지만, 영적으로 너무나 중요하다.

엄마가 자기를 혼자 두었다고 침대에서 몸을 버둥거리며 울어 젖히는 아기의 모습에서 이러한 죄의 압축력을 본다. 누가 먼저 장난감을 잡았는지, 혹은 누가 먼저 때렸는지 싸우는 어린아이들의 모습에서도 보인다. 자기중심적인 불평을 끝없이 늘어놓는 십대들의 모습에서도 보인다.

다른 사람과 사랑의 관계를 맺으며 살기 위해 무엇이 필요한지 깨닫고 충격을 받은 신혼부부들이 결혼 초기에 고생하는 모습에서도 보인다. 너무도 연합하기 어려운 교회 성도들의 모습에서도 보인다. 주차장에서 자리를 놓고 경쟁하는 운전자들에게서도 보인다. 수없이 탐내고 부러워하는 순간들에도 보인다. 깨진 가정들과 죄에 물든 도시 안에서도 보인다. 기력이 쇠한 노인들이 쏟아내는 씁쓸한 불평 속에서도 보인다.

죄는 우리의 마음 씀씀이를 위축시키고 우리의 관심을 축소시킨다. 아무리 다르게 포장을 해도 들려오는 소식들이 그리 좋지 않다. 죄는 우리 자신만 신경 쓰게 만든다. 우리가 창조된 목적과 전혀 맞지 않는 상태다.

성경은 죄의 폐해와 구원의 필요성을 기록하고 있기에 이러한 **압축력**이 성경 역사 전반에 드러나고 있다.

생각해보라. 아담과 하와는 자신들의 삶의 크기를 하나님처럼 되려는 욕망의 크기로 축소했다. 가인은 아벨의 것을 갖고 싶다는 욕망으로 자기 삶의 크기를 축소했다. 야곱은 에서의 유산을 탐하는 것으로 삶을 축소했다. 광야에 있던 이스라엘 백성은 (만나가 아닌) 더 나은 음식을 구하는 것으로 삶을 축소했다. 아간은 블레셋의 탈취물을 욕심내는 것으로 삶을 축소했다. 사울 왕은 아말렉을 무찌르고 얻은 전리품에 욕심을 내는 것으로 삶을 축소했다. 요나는 자기가 생각하는 정의의 크기로 삶을 축소했다. 바리새인들은 자신들의 의의 크기로 삶을 축소했다. 베드로는 다른 사람들을 두려워하는 크기로 삶을 축소했다. 유다는 30개의 은전으로 삶을 축소했다.

이것은 몇 가지 예에 불과하다. 죄가 우리 마음을 어떻게 자신만 아는 마음으로 축소시키는지 연대기 순으로 열거해본 것이다.

망가진 자동차 모형과 이기적인 욕망들

어린 시절의 가장 안 좋은 기억이 있다. 테드 형은 꽤 명성 있는 자동차 모형들을 모으고 있었고, 그것을 침실 선반에 가지런히 전시해 놓았다. 직접 조립해서 색깔까지 칠했고 자기가 만든 작품을 매우 자랑스러워했다.

잘 기억은 나지 않지만 몇 가지 이유로 나는 테드 형에게 화가 났다. 형이 내가 세운 규칙들을 어겼기 때문에, 그가 제일 싫어하는 일을 해서 분풀이를 할 참이었다. 나는 곧장 형 방으로 가서 신발을 벗어 들고 형이 모아 놓은 자동차 모형들을 내리쳤다. 내가 무슨 짓을 하고 있는지 알았기에 기분이 좋았다. 어머니가 내가 한 일을 아시기 전까지 말이다.

한 어린이의 삶에 일어난 이 슬픈 사건이 모든 죄인의 모습을 보여준다. 우리는 모두 주변 사람들과 환경에 받아들여지고, 섬김을 받고, 인정받고 싶어 한다. 그렇게 되지 않을 때 우리의 반응은 가볍게 내는 화에서 폭력적인 분노까지 다양하다.

기혼자들이 서로를 비난하는 것은 배우자가 하나님의 법을 어겼기 때문이 아니라 자기의 법을 어겼기 때문이다. 부모가 자녀에게 화를 내는 것은 자녀가 나쁜 일을 저질렀기 때문이 아니라 그렇게 하면서 부모가 원하던 것을 망쳐놓았기 때문이다. 이웃 간에 서로 관계가 틀어지는 것은 이웃이 자기를 대하는 태도가 마음에 안 들거나 마당을 관리하는 방식이 마음에 들지 않아서다. 사업가들이 너무 열심히 너무 오래 일하는 것은 만족할 수 없기 때문이다. 사람들이 교회를 이리저리 옮겨 다니는 것은 자신들이 필요한 것을 얻었다고 느끼지 못하기 때문이다. 형제자매

간에 싸우는 이유는 누가 마지막 시리얼을 먹을지, 누가 리모컨을 차지할지, 차에서 어디 앉을지, 누가 먼저 샤워를 할지 등이다. 파티에 참석한 사람들은 관심을 더 받으려고 경쟁한다. 어떤 남자는 순간의 성적인 쾌락을 위해 결혼 관계를 차버리기도 하고, 어떤 십대는 친구들 사이에 끼기 위해 영혼을 팔기도 할 것이다.

사람들이 감당하기 힘든 부채를 지고 살아가는 이유는 실제로 필요한 것보다 더 많은 것이 필요하다고 확신하기 때문이다. 집이 더 커야 한다고 생각하고, 옷도 부족하다고 생각하고, 돈도 더 있어야 한다고 생각한다. 우리는 필요 이상으로 많이 먹으면서, 실제로 경험해본 적도 없는 배고픔에 대해 말한다. 그리고 끊임없이 '나와 나의 것', '더 크고 좋은 것', '나중이 아니라 지금'을 생각한다. 내가 사용하고 싶은데 누군가 화장실에 있는 것을 싫어하고, 계획에 없던 일을 누군가 부탁하는 것을 싫어한다. 주는 것보다 받는 것이 더 큰 복이라고 생각한다. 내가 옳고 다른 사람이 틀리다는 것을 증명하기 좋아한다. 삶을 우리가 통제할 수 있기를 바란다. 사랑할 기회는 너무도 자주 놓치면서, 자기가 받은 공격은 절대 잊지 않는다.

어디를 보든 이런 모습이 보인다. 그 결과를 피하는 것은 불가능하다. 이로 인해 우리는 다른 사람과 함께 살아가는 것이 힘들어졌고, 우리 안에서 만족하는 것은 거의 불가능해졌다.

죄의 핵심은 이기심이다. 자기 안으로만 몰입하는 혼자만의 우주다. 죄는 사실상 궁극적인 압축 포장재다. 우리의 관심과 마음 씀씀이를 자기만의 삶으로 수축시킨다. 분노하며 형의 모형 자동차를 부수는 어린아이로부터 자신이 꿈꾸던 결혼생활을 하지 못해 괴로워하는 아내에 이르기까지, 죄는 모두에게 비극적인 일을 저지른다. 우리를 우리 안에 가둔다. 잠시 멈추어 주위를 둘러보면 당신과 당신 주변에서 그러한 경향을 보게 될 것이다.

거대한 하나님 나라

이 모든 것 안에서 가장 혐오스러운 것은 우리가 우리만의 작은 왕국에서 사는 것에 만족할 때 하나님이 밀려나신다는 사실이다. 하나님은 우리만의 작은 왕국으로 자신을 축소시키지 않으신다. 그분의 영광을 버리시거나 그분의 주권적인 계획을 거부하실 수 없다. 그분은 하나님이 되실 뿐 다른 어떤 것이 되지 않으실 것이다.

우리를 사로잡고 우리에게 동기를 부여하는 왕국은 본래 하나님의 위대하심만큼 커야 했다. 우리의 삶은 하나님의 영광의 크기보다 더 작아서는 안 되었다. 나만의 왕국을 세워서도 안 되고, 온 마음을 다해 그분의 왕국에 헌신하도록 지음받았다.

시편 145편은 이런 삶이 얼마나 광대한 것인지 잘 보여준다. 그는 어느 누구도 하나님의 위대하심을 측량할 수 없다고 말한다. 측량(fathom)이란 물의 깊이를 재는 것이다. 측량할 수 없다는 것은 너무 깊어서 그 바닥을 알 수 없다는 의미다. 따라서 시편 기자의 말은 지금까지 살았던 모든 사람을 줄로 세워, 순서대로 하나님의 위대하심을 파고들어가 보게 해도 바닥에 닿을 수 없다는 의미다. 그분의 영광은 그 정도로 깊다!

우리 삶의 크기는 그분의 위대하심에 연결되도록 되어 있다. 우리는 하나님의 측량할 수 없는 위대하심에 맞추어 살아가도록 창조되었다.

우리의 삶을 그분의 영광이라는 거대한 텐트 안으로 확장할 때, 우리의 삶 안에 즉시 다른 사람들을 위한 공간이 생겨난다. 그분과 함께할 때 다른 사람과도 의미 있는 공동체를 이루게 된다.

죄는 기능적으로 무신론적이고 반사회적이다. 우리의 초점을 우리 자신에게로 축소시키고, 하나님과 다른 사람들을 보지 못하게 하기 때문이다. 또한 죄인으로서 형식적으로는 종교에 참여하고 다른 사람과 관계를 맺어도 자기 왕국의 목적에 맞는 수준에 그치게 된다. 기능 위주로 세운 우리 삶의 계획에는 하나님을 경배하고 다른 사람들을 사랑하기 위한 공간이 없다. 경배와 사랑이 있다 해도, 우리가 필요하다고 생각하고 우리가 원하는 만큼으로 축소되어 있다. 어떤 종교를 갖고 어떤 공동체에 속해 있든, 우리가 정말로 경배하는 것은 우리 자신이다. 그래서 주일에는 하나님의 신실하심을 찬양하다가도 화요일에는 우리가 필요하다고 생각하는 것을 주시지 않는다고 그분의 선하심에 의문을 제기한다. 어느 날은 누군가를 사랑한다고 했다가 또 어떤 날은 그가 내 계획을 방해했다는 이유로 불같이 화를 쏟아낸다. 보기에는 하나님을 섬기는 삶처럼 보이지만 자세히 들여다보면 압축 포장된 삶이다.

하지만 우리는 원래 이렇게 살도록 창조되지 않았다. 아담과 하와가 창조된 바로 그 순간부터 사람들은 하나님의 영광이라는 거대한 테두리 안에 살도록 계획되었다.

우리는 그저 개인적으로 살아남고, 일시적으로 행복하고, 개인적 성공에 안주하도록 창조되지 않았다. 하나님의 임재와 성품과 계획 안에서 우리의 의미와 정체성과 목적을 발견하도록 창조되었다. 우리의 정체성은 그분의 사랑 안에 뿌리내리도록 되어 있었다. 우리의 소망은 그분의 은혜에 연결되도록 지음받았다. 우리의 잠재력은 그분의 능력과 연결되도록 되어 있었다. 우리의 목적은 그분의 뜻에 따라 세워지도록 되어 있었다. 우리의 기쁨은 그분의 영광과 짝을 이루도록 되어 있었다. 무엇이든 하나님께 영광 돌리는 것을 정말 필요하고, 진실하고, 가치 있고, 의미 있다고 여기도록 지음받았다. 넓게 살고 의미 있게 살도록 지음받았다. 말 그대로 세상이 창조되기 이전부터 영원까지 모든 것을 포괄하는 넓은 삶으로 부르심받았다.

따라서 그 결과는 폭넓은 삶으로 나타나야 한다. 보통의 인간을 붙들고, 참여시키고, 즐겁게 하고, 충족시키는 평범한 것들을 훨씬 능가하는 삶의 방식이어야 한다. 큰 하나님, 큰 그림을 그리는 삶은 실제로 나와 상관이 없고 지금 당장 관련이 없는 많은 일에 신경 쓰며 산다는 의미다. 왜 이런 것에 신경을 쓰는 걸까? 우리 삶의 원천이자 중심이신 하나님께서 신경을 쓰시기 때문이다.

'하나님 닮은 삶'이라는 것은 하나님의 목적이 우리의 실질적인 삶의 목표가 되는 것이고, 하나님이 귀하다고 말씀하시는 것들을 실제 삶에서 보물로 구하는 것이고, 하나님의 뜻이 우리 삶의 경계가 되는 것을 의미한다. 우리가 목표로 삼는 '더 나은' 것은 바로 우리와 만물을 위한 그분의 계획이어야 한다.

이렇게 할 때 우리의 이야기가 은혜로 하나님의 이야기에 연결되는 것을 보며 흥분하기 시작한다. 은혜란 죄로 압축된 포장재를 찢는 것임을 이해하기 시작한다. 은혜가 들어와 우리를 끄집어내어, 우리가 스스로 생각할 수 있었던 것보다 훨씬 흥미롭고 의미 있는 장소에 우리를 데려다 놓는다.

이 장소는 그분의 사랑으로 산소가 공급되고, 그분의 능력으로 동력을 얻고, 그분의 영광으로 장식된 곳이다. 이 거대하고 멋진 장소가(우리는 이곳에서 살고, 이곳에서 정체성과 목적을 발견하도록 되어 있었다) 바로 하나님 나라다.

압축된 왕국의 윤곽

하지만 슬프게도 우리는 다른 왕국에 흥분하는 경향이 있다. 죄가 우리의 관심을 낚아채고, 우리의 애정을 위축시킨다. 죄가 우리로 하여금 하나님의 영광을 보지 못하게 하고, 그분의 부르심도 듣지 못하게 한다.

슬프게도 죄는 우리 자신만을 위해 은사와 에너지를 쓰고도 기꺼이 만족하게 만든다. 죄는 우리를 한 사람만 있는 작은 왕국을 다스리는 소인국 왕으로 압축시킨다. 죄는 인간 공동체를 각각의 독립 왕국이 서로 충돌하는 왕들의 사회로 퇴보시킨다. 그래서 우리는 개인의 삶에서도 이러한 갈등을 겪을 뿐 아니라 전 지구적으로도 너무나 많은 전쟁을 겪고 있다! 우리가 서로 같이 살 수 있는 것은 하나님의 은혜가 있기 때문이다.

이쯤 되면 이런 생각이 들 것이다. '좋아요, **압축력**이 있다는 걸 이해하겠어요. 하지만 매일의 삶 속에서도 이러한 힘이 작동하고 있는지는 잘 모르겠어요.' 그래서 이제부터 자기 왕국이 얼마나 좁은지 그 윤곽을 그려보고자 한다.

지금 여기서

압축 포장된 자기 왕국은 그 눈을 현재에 확고히 고정하려는 경향이 있다. 지금 여기서 내가 보고 듣고 느끼는 것에 집중한다. 이 왕국은 기쁨을 후일로 기약하거나 끈기 있게 인내하는 곳이 아니다. 원하는 것을 지금 당장 원하는 참을성 없는 왕국이다.

하지만 우리는 불멸의 영혼을 가졌기에 영원을 보며 살도록 지음받았다. 현재는 장차 올 것의 도입이자 준비 단계다. 이 땅에서의 인생은 우리 앞에 놓인 영원의 광대함과 비교하면 한순간에 불과하다. 하나님 나라의 문화는 영원을 바라보는 눈으로 만들어진다. 하나님 나라의 문화는 지금을 그때를 위한 투자로 본다. 하나님 나라의 문화는 지금 여기서 물질적인 즐거움을 위해 끝없이 일시적인 투자를 하는 것보다 영원에 투자하며 가치와 즐거움을 발견한다.

좋은 차를 사고, 좋은 집을 사고, 휴가를 즐기고, 육즙이 흐르는 스테이크를 맛보는 것이 나쁜 것은 아니다. 이런 것도 어떤 면에서는 하나님의 창조적인 영광을 가리킨다. 문제는 무엇이 그 시스템을 이끄느냐다. 무엇을 위해 사느냐의 문제고, 어디서 삶의 의미와 목적을 찾느냐의 문제고, 아침에 눈을 뜨는 이유가 무엇인지, 어디서 정체성을 찾는지, 어디서 기쁨을 찾는지, 어디서 마음의 만족을 찾는지, 어디서 생명을 찾으려 하는지의 문제다.

자기 왕국은 지금 여기서의 즐거움과 쾌락과 추구에 집중하는 경향이 있다. 『순전한 기독교』(Mere Christianity)에서 C. S. 루이스는 이런 삶의 방식을 명쾌하게 비판하고 있다.

> 역사를 보면, 현 세계에서 위대한 업적을 남긴 기독교인들은 내세를 가장 중요하게 생각한 사람들이었음을 알게 될 것이다. 로마 제국을 회심시키기 시작한 사도들, 중세를 이끈 위대한 인물들, 노예 무역을 폐지한 영국인 모

두가 이 땅 위에 족적을 남긴 이유는 바로 그들의 마음이 천국으로 가득 차 있었기 때문이다. 기독교인들이 이 세상에서 제대로 영향을 끼치지 못하기 시작한 것은 그들이 내세를 생각하지 않을 때부터였다. 천국을 목표로 하라. 그러면 세상을 '덤으로' 얻을 것이다. 그러나 이 땅을 목표로 하면 아무 것도 얻지 못할 것이다.

나와 내 것

축소된 왕국은 근시안적이다. 멀리 보지 못한다. 필요하고, 중요하고, 가치 있고, 생명과 관련이 있고, 긴급하고, 보람 있고, 필수적이라고 보는 것들이 다 자기 자신에 대한 관심과 돌봄의 수준을 넘어서지 못한다.

물론 하나님께서 내게 주신 은사들을 잘 관리해야 하고 가까이 있는 친구와 가족을 잘 돌보는 것이 당연하다. 그렇게 하는 것이 잘못된 것은 아니다. 문제는 내 삶 경계 밖에 있는 광대한 우주에 대해 신경을 쓰고 돌보는 일을 위해서는 시간이나 힘을 하나도 남겨두지 않고 대부분의 시간과 힘을 나 자신만을 위해 쓴다는 것이다.

신학생 시절 겪었던 일이 이 점을 잘 보여줄 것 같다. 나는 필라델피아에 있는 신학교에 다니고 있었고, 그곳은 당시 미국 대도시의 많은 공동체가 겪고 있던 신체적, 개인적, 사회경제적 악폐들을 고스란히 갖고 있었다. 나는 날마다 서너 명의 미래 목회자들과 함께 차를 타고 하나님 말씀을 배우기 위해 학교로 갔다. 깨진 세상에서 삶의 어려움들을 다루며 죄인들을 목회하도록 우리 자신을 준비시키려는 목적이었다. 우리는 함께 차를 타고 다니며 정말 놀랍고 흥미로운 대화를 나누곤 했다. 수업을 듣는 것만큼이나 그 시간이 재미있었다.

하루는 차 안이 조용했다. 그래서 나 자신과 미래의 신학자 무리를 잠시 잊고 창밖을 내다보았다. 그때 처음으로 부서진 집과 차, 사람들이 보였다. 보는 곳마다 절박한 필요가 있었다.

신학교를 향하던 차 뒷좌석에 앉아 나는 흐느끼기 시작했다. 공동체를 강타한 죄의 명백한 파괴성 때문만이 아니라 그동안 내가 그것을 보지 못했다는 사실에 울었다.

나는 날마다 그 공동체에 속해 있었지만 나와 내 것 외에는 아무것도 보지 못하고 있었다. 목회를 준비하고 있었지만, 충격적일 정도로 다른 사람을 헤아리는 마음이 없었다.

원하는 것과 필요한 것

우리는 모두 개인적인 필요와 욕망을 가지고 살아간다. 아무것도 필요하지 않은 양 행동하는 것은 비합리적인 행동이다. 어떤 것을 원하는 것은 잘못된 것이 아니다. 다시 말하지만, 문제는 무엇이 우리 마음을 지배하고 삶의 정책을 결정하느냐다. 자신의 필요를 채우고 개인적인 욕망을 충족시키는 데 너무 많은 시간을 사용하느라 하나님 왕국의 더 큰 관심에 쓸 시간이 없는가?

자기 왕국은 근본적으로 내가 필요하다고 생각하는 모든 것을 얻고 내 모든 욕구를 충족시키기 위해 할 수 있는 모든 것을 하느라 혼신을 다한다. 이 왕국은 하나님이 원하시는 것이 무엇인지, 이웃에게 필요한 것이 무엇인지에 신경을 쓰지 않는다. 나의 필요가 너무 많은 공간을 차지하고 있어서 다른 것이 나의 관심과 힘과 주의를 끌지 못한다.

육체적 경험과 물리적 생성물

압축 포장된 왕국은 보이고, 들리고, 느껴지고, 만져지고, 맛볼 수 있고, 어떤 식으로든 육체적으로 경험될 수 있는 것에 기우는 경향이 있다. 이 왕국은 물리적 생성물이 주는 육체적 경험과 즐거움에 지배되는 삶의 방식이다. 즉 물리적 겉모습과 감각적인 즐거움에 지배된다.

여기서 다시 한 번 균형이 필요해진다. 우리는 육체적인 인간이고, 아름답게 창조된 물리적 세계 안에서 살고 있다. 하나님은 우리 눈을 즐겁게 하고 우리 배를 채워주는 많은 것을 주셨다. 현실 세상 안에서 즐길 수 있는 엄청난 즐거움들이 있다. 그리고 그렇게 하는 것이 예배의 행위일 수 있다. 그러나 위험한 것은 삶이 보이지 않는 것들보다 보이는 것들에 의해 규정된다는 점이다. 자기 왕국은 마음으로 품을 수 있는 것보다 손으로 만질 수 있는 것에 더 집중하려는 경향이 있다.

자격과 권리

자기 왕국은 '이건 당연히 내가 가져야지.' '내 위치가 이 정도는 돼야지.' '이건 내 거야.' '이 정도 대우는 해줘야지.'라는 생각을 가지고 있다. 섬기기보다 섬김을 받을 때 더 기뻐하는 왕국이다. 여기서는 내가 공격을 받을 때 가장 슬퍼한다. 여기서는 남이 나를 어떻게 대하는지에 주목한다. 여기서는 다른 사람이 나를 어떻게 대하느냐에 따라 관계가 형성된다. 여기서는 자기의 재산, 위치, 권리를 명확히 한다.

그렇다고 짓밟히고도 가만히 있거나 기꺼이 부당한 대우를 당하려고 하는 것이 거룩한 것이라고 말하는 것은 아니다. 다시 말하지만 문제는 그 시스템을 이끄는 것이 무엇이냐. 개인적인 경계와 개인적인 재산,

개인적인 권리를 지키느라 삶을 다 사용하고 있는가? 아니면 내 권리를 내려놓고, 내 편의를 희생하고, 심지어 하나님 나라의 역사를 위해 부당한 대우를 기꺼이 받고자 하는가?

죄는 지금 눈에 보이는 세상이 갖는 물리적인 영광들을 보여주며 오직 그 영광을 위해 살아가라고 말한다. 죄는 당신의 열정을 쪼그라뜨리고 당신의 비전을 축소시킨다. 죄는 자신만의 삶의 경계를 뛰어넘지 못하게 한다. 반면 은혜는 '자기 초점', '자기 방어', '자기 보호'라는 울타리를 허물어서 당신이 하나님과 다른 사람들을 향해 나아가도록 해준다. 그렇게 할 때 당신은 진정한 영광을 경험할 뿐 아니라 자신의 진정한 정체성을 회복하게 될 것이다.

당신 삶의 에너지는
개인적인 바람과 필요와 관심이라는
좁은 세계 안에서 다 탕진되고 있는가?

삶의 한가운데
무엇이 자리 잡고 있는가?

8

예수 그리스도의 부르심에 응하라

현저한 다른 모든 것보다 월등하거나 두드러지는, 가장 중요한

하나님 나라의 삶은
생각하고, 바라고, 말하고, 행하는
모든 것 중심에
그리스도가 함께하는 것이다

그는 늘 자기에게 관심이 집중되길 원했다. 어디에 있든, 무얼 하든, 가만히 있거나 뒤로 물러나 있는 법이 없었다. 다른 사람과 무대를 공유해야 할 상황이 생기면 모든 수단을 동원하여 자신에게 관심이 집중되도록 했다. 나누는 것에는 전혀 관심이 없었고, 돕는 것에서는 아무 기쁨을 발견하지 못했다. 순종하는 것을 좋아하지 않았고, 늘 자기 방법이 옳다고 생각했다. 사람들을 장애물로 여겼고, 자신이 통제할 수 없는 상황은 위험한 것으로 여겼다. 그러면서도 사람들의 관심을 요구했고, 관심을 받지 못할 때는 큰 소리로 따지고 들었다. 그렇게 모든 것의 중심이 되려고 집착하는 것도 문제였지만 무엇보다 큰 문제는 그가 겨우 여덟 살이었다는 것이다!

지치고 두렵고 좌절한 모습이 역력한 그 아이의 부모와 함께 사무실에 앉아 있었다. 부모는 속수무책이었다. 아는 방법을 다 동원해보았지만 달라진 것은 없어 보였다. 집에서 아이와 긴 밤을 보내는 것도 두려웠고, 밖에 데리고 나가는 것도 두려웠고, 학교에서도 온갖 문제에 직면해 있었다. 아이는 자기 우주의 어린 군주였고, 부모와 다른 사람들의 기강을 잡는 데도 능숙했다.

부모와 함께 앉아 아이와 부모의 관계를 살펴보다 마음에 한 가지 떠나지 않는 생각이 있었다. 자기중심적이고 고집 센 이 어린아이의 모습 속에서, 죄가 우리에게 행하는 전형을 보는 듯했다.

죄는 우리로 하여금 우리 세계의 중심에서 살고 싶어 하도록 만든다. 죄는 나 자신에게 집중 조명이 비추기를 원하게 만든다. 죄는 우리로 하여금 땅에 매인 보화와 근심에 매인 필요에 모든 힘을 쏟게 만든다.

그렇다. 죄는 확실히 우리 삶의 크기를 자신만의 삶의 크기로 축소시킨다. 이것이 바로 작은 왕국이다. 작은 왕국에서는 자신이 늘 중심에 있다. 큰 왕국인 하나님 나라에서는 중심에 자아가 절대 있을 수 없다.

두 왕국의 가장 근본적인 차이는 누가 중심에 있는지를 보면 드러난다. 초월적인 하나님 나라의 삶은 언제나 내가 아닌 다른 누군가를 위해 중심을 비워둔다. 이번 장은 바로 그 누군가에 대한 내용이다.

왕의 이야기

앞서 말했듯이 성경은 두 왕국, 즉 자기 왕국과 하나님 나라 사이의 전쟁 이야기다. 그러나 그보다 더 정확히 말하면 성경은 왕의 이야기다.

구약은 실패한 인간 왕국들의 연대기로서, 구약이 가장 소망하는 것은 한 왕이 나와 그의 나라를 세우고 공평과 정의로 영원히 다스리는 것이다(사 9:6-7, 32장; 겔 37:24 이하; 슥 9:9-10 참조). 또한 하나님의 백성에게 오류투성이인 인간 왕들의 통치가 아니라 죄 없이 영원히 통치할 분에 대한 약속을 소망하라고 요구한다. 더불어 하나님께서 어떻게 약속된 왕이 오도록 필요한 절차들을 완수하셨는지에 대한 자세한 역사이기도 하다. 죄인들이 이러한 자비로운 왕에 대한 약속을 받고도 자기 통치(self-rule)를 선택하려는 저항할 수 없는 경향성이 있음을 연대기 순으로 기록한다. 따라서 구약은 하나님의 백성이 왕을 기다리고, 찾고, 소망하면서 끝이 난다.

반면 복음서는 기다리던 그 왕이 왔고 그의 나라가 이루어졌음을 선포한다. 이것이 그리스도의 모든 가르침, 모든 기적, 모든 섭리의 배경이다. 오래 기다리던 그때가 왔다. 기다리던 왕이 드디어 이 땅에 오셨다. 마태복음은 각 장에서 그 나라를 묘사하거나 선포한다. 서신서들은 죄인들이 구세주이신 왕의 은혜로운 통치를 받게 된다는 영광스러운 소망을 자세히 말한다. 모든 성경은 진실로 왕이신 그리스도의 이야기다. 그분은 하나님 나라의 중심에 서기에 합당하고 유일하신 분이다. 하나님 나라는 그리스도의 왕국이다.

이것이 실제로 의미하는 것은 **하나님 나라를 위해 사는 것은** 곧 **그리스도를 위해 사는 것**이라는 의미다.

초월적인 삶을 산다는 것은 그리스도가 중심된 삶을 사는 것이다. 그리스도를 위해 사는 것은 우리 삶의 크기를 자신만의 삶의 크기로 축소하려는, 우리 힘으로 어찌할 수 없는 속박으로부터 영원히 자유로워질 수 있는 유일한 길이다.

나만의 작은 왕국이라는 비좁은 굴레에서 벗어날 수 있는 유일한 길은 그리스도 중심의 삶인 거대한 하늘나라의 삶을 사는 것이다. 스스로에게 "안 돼."라고 말하는 것만으로는 자신과의 싸움에서 결코 승리할 수 없다. 왕이신 우리 주 예수 그리스도의 부르심에 "예."라고 대답할 때 그 싸움에서 승리하기 시작한다.

그리스도 중심으로 살기

매일의 삶(결혼생활, 자녀양육, 우정, 일, 공동체, 재정 등)에서 의도적으로 그리스도 중심으로 산다는 것은 무슨 의미일까?

그리스도를 위해 살고자 할 때만 우리가 창조된 목적인 초월성을 회복할 수 있음을 기억하라. 초월적인 삶을 살 때만 우리의 진정한 인간성을 회복할 수 있다. 또한 진정한 인간성을 회복할 때만 우리의 삶이 진정한 의미와 목적을 갖게 된다.

이 모든 것이 사실인 이유는 우리의 인간성은 스스로 발견하거나 스스로 완성시킬 수 있는 것이 아니고(세상은 그렇게 말하지만), 그리스도의 영광을 위해 삶을 투자하고, 이 땅 위에 그리스도의 나라가 이루어지도록 삶을 투자하는 것과 연결되어 있기 때문이다.

우리는 다른 분의 영광을 위해 이곳에 심겨졌다. 이것은 선택할 수 있는 삶의 방식이 아니다. 우리 인간성의 본질이다. 자기 자신을 위해 사는 것은 스스로 인간성을 말살하는 것과 같다. 그리스도 안에 살 때, 우리는 실제로 우리가 마땅히 되어야 할 존재가 되기 시작한다.

이에 대해 다시 한 번 살펴보자. 큰 왕국을 위해 사는 것은 삶의 모든 국면을 그리스도 중심적으로 사는 것이다. 이러한 진리를 말한 사도 바울의 말을 인용하겠다. 매우 중요한 구절이기에 본문을 다 소개한다. 먼저 골로새서 1장 3-23절이다.

우리가 너희를 위하여 기도할 때마다 하나님 곧 우리 주 예수 그리스도의 아버지께 감사하노라. 이는 그리스도 예수 안에 너희의 믿음과 모든 성도에 대한 사랑을 들었음이요 너희를 위하여 하늘에 쌓아 둔 소망으로 말미암음이니 곧 너희가 전에 복음 진리의 말씀을 들은 것이라. 이 복음이 이미 너희에게 이르매 너희가 듣고 참으로 하나님의 은혜를 깨달은 날부터 너희 중에서와 같이 또한 온 천하에서도 열매를 맺어 자라는도다. 이와 같이 우리와 함께 종 된 사랑하는 에바브라에게 너희가 배웠나니 그는 너희를 위한 그리스도의 신실한 일꾼이요 성령 안에서 너희 사랑을 우리에게 알린 자니라. 이로써 우리도 듣던 날부터 너희를 위하여 기도하기를 그치지 아니하고 구하노니 너희로 하여금 모든 신령한 지혜와 총명에 하나님의 뜻을 아는 것으로 채우게 하시고 주께 합당하게 행하여 범사에 기쁘시게 하고 모든 선한 일에 열매를 맺게 하시며 하나님을 아는 것에 자라게 하시고 그의 영광의 힘을 따라 모든 능력으로 능하게 하시며 기쁨으로 모든 견딤과 오래 참음에 이르게 하시고 우리로 하여금 빛 가운데서 성도의 기업의 부분을 얻기에 합당하게 하신 아버지께 감사하게 하시기를 원하노라. 그가 우리를 흑암의 권세에서 건져내사 그의 사랑의 아들의 나라로 옮기셨으니 그 아들 안에서 우리가 속량 곧 죄사함을 얻었도다. 그는 보이지 아니하는 하나님의 형상이시요 모든 피조물보다 먼저 나신 이시니 만물이 그에게서 창조되되 하늘과 땅에서 보이는 것들과 보이지 않는 것들과 혹은 왕권들이나 주권들이나 통치자들이나 권세들이나 만물이 다 그로 말미암고 그를 위하여 창조되었고 또한 그가 만물보다 먼저 계시고 만물이 그 안에 함께 섰느니라. 그는 몸인 교회의 머리시라. 그가 근본이시요 죽은 자들 가운데서 먼저 나신 이시니 이는 친히 만물의 으뜸이 되려 하심이요 아버지께서는 모든 충만으로 예수 안에 거하게 하시고 그의 십자가의 피로 화평을 이루사 만물 곧 땅에 있는 것들이나 하늘에 있는 것들이 그로 말미암아 자기와 화목하게 되기를 기뻐하심이라. 전에 악한 행실로 멀리 떠나 마음으로 원수가 되었던 너희를 이제는 그의 육체의 죽음으로 말미암아 화목하게 하사 너희를 거룩하고 흠 없고 책망할 것이 없는 자로 그 앞에 세우고자 하셨으니 만일 너희가 믿음에 거하고 터 위에 굳게 서서 너희 들은 바 복음의 소망에서 흔들리지 아니하면 그리하리라. 이 복음은 천하 만민에게 전파된 바요 나 바울은 이 복음의 일꾼이 되었노라.

이 기도에서 바울이 모든 내용을 말하고 있다. 그리스도가 우리의 소망이다. 그리스도가 우리의 지혜다. 그리스도가 우리의 힘이다. 그리스도가 우리의 구원이시다. 그리스도가 우리의 화해이시다. 우리는 매일의 삶을 통해 이 그리스도를 탁월하게 드러내도록 지음받았다.

두 번째로 고린도전서 1장 18절-2장 5절 말씀을 보자.

십자가의 도가 멸망하는 자들에게는 미련한 것이요 구원을 받는 우리에게는 하나님의 능력이라. 기록된 바 내가 지혜 있는 자들의 지혜를 멸하고 총명한 자들의 총명을 폐하리라 하였으니 지혜 있는 자가 어디 있느냐 선비가 어디 있느냐 이 세대에 변론가가 어디 있느냐 하나님께서 이 세상의 지혜를 미련하게 하신 것이 아니냐. 하나님의 지혜에 있어서는 이 세상이 자기 지혜로 하나님을 알지 못하므로 하나님께서 전도의 미련한 것으로 믿는 자들을 구원하시기를 기뻐하셨도다. 유대인은 표적을 구하고 헬라인은 지혜를 찾으나 우리는 십자가에 못 박힌 그리스도를 전하니 유대인에게는 거리끼는 것이요 이방인에게는 미련한 것이로되 오직 부르심을 받은 자들에게는 유대인이나 헬라인이나 그리스도는 하나님의 능력이요 하나님의 지혜니라. 하나님의 어리석음이 사람보다 지혜롭고 하나님의 약하심이 사람보다 강하니라. 형제들아 너희를 부르심을 보라. 육체를 따라 지혜로운 자가 많지 아니하며 능한 자가 많지 아니하며 문벌 좋은 자가 많지 아니하도다. 그러나 하나님께서 세상의 미련한 것들을 택하사 지혜 있는 자들을 부끄럽게 하려 하시고 세상의 약한 것들을 택하사 강한 것들을 부끄럽게 하려 하시며 하나님께서 세상의 천한 것들과 멸시받는 것들과 없는 것들을 택하사 있는 것들을 폐하려 하시나니 이는 아무 육체도 하나님 앞에서 자랑하지 못하게 하려 하심이라. 너희는 하나님으로부터 나서 그리스도 예수 안에 있고 예수는 하나님으로부터 나와서 우리에게 지혜와 의로움과 거룩함과 구원함이 되셨으니 기록된 바 자랑하는 자는 주 안에서 자랑하라 함과 같게 하려 함이라. 형제들아 내가 너희에게 나아가 하나님의 증거를 전할 때에 말과 지혜의 아름다운 것으로 아니하였나니 내가 너희 중에서 예수 그리스도와 그가 십자가에 못 박히신 것 외에는 아무것도 알지 아니하기로 작정하였음이라. 내가 너희 가운데 거할 때에 약하고 두려워하고 심히 떨었노라. 내 말과 내 전도함이 설득력 있는 지혜의 말로 하지 아니하고 다만 성령의 나타나심과 능력으로 하여 너희 믿음이 사람의 지혜에 있지 아니하고 다만 하나님의 능력에 있게 하려 하였노라.

바울이 고린도교회 성도들에게 무엇이 자신의 사역에서 절대 물러설 수 없는 가장 중요한 요소라고 말하는가? 바로 십자가에 못 박히신 그리스도를 중심에 두는 것이다! 바울에게 하나님 나라의 삶이란 그리스도와 그분의 십자가를 기독교인의 삶 모든 영역 중심에 두는 것이다.

앞에 소개한 두 개의 성경 본문을 간단하게 해설하면서 몇 가지 원리로 요약해보겠다.

피조세계는 그리스도를 중심에 두도록 만들어졌다

로마서 11장 36절이 이에 대해 잘 말해준다. "이는 만물이 주에게서 나오고 주로 말미암고 주에게로 돌아감이라. 그에게 영광이 세세에 있을지어다, 아멘."

이 원리를 당신 삶의 모든 영역에 적용해보라. 당신의 결혼은 주로부터 나왔고, 당신의 결혼생활은 그리스도 위에서 행해지고, 당신의 결혼은 그리스도의 은혜로 존속된다. 당신의 자녀는 그리스도로부터 나오고, 당신의 자녀는 그리스도께 속하여 있고, 당신의 자녀는 그분의 사랑과 은혜를 통해서만 마땅히 되어야 할 존재가 될 것이다. 당신의 소유는 그분의 손에서 나오고, 당신의 소유는 그분의 목적을 위해 그분께 속한 것이고, 당신의 소유는 그분의 보호로 보존될 것이다. **당신의 삶에서 그분께 속하지 않은 것은 하나도 없다.**

사람들은 그리스도께 집중하여 살도록 지음받았다

진정한 인간성은 자기 혼자 찾을 수 있는 것이 아니다. 왜냐면 인간은 필연적으로 창조주와 함께 공동체를 이루어 살도록 되어 있기 때문이다.

그래서 기능적으로 자신만을 위해 살아갈 때마다 내가 창조된 목적을 부인하는 것이고, 내 삶에 부정적인 열매가 맺히도록 문을 여는 것이 된다. 첫날부터 그리스도는 그분이 창조한 모든 사람의 삶에서 중심이 되도록 되어 있었다. 이것이 에덴동산의 패러다임이다.

그리스도 중심적으로 사는 것은 세상에 대해 어리석어지는 것이다

세계 대부분의 지역에서 종교는 강한 자의 사치품이고 가난한 자의 슬픈 필수품이다. 그러나 한편으로는 눈에 보이지도 않고 들리지도 않는 존재의 목적을 따라 살아가는 것이 완전히 어리석은 일로 여겨진다.

서구 문화가 바라보는 이상적인 인간상은 자수성가한 사람이다. 즉 자기 힘으로 성공해서 자기를 잘 관리하는 사람을 존경한다. 이런 관점에서 보면 우리 마음이 최고 법관이 되는 것이 맞고, 쾌락이 최고 목적이 되는 것이 타당하다. 피조세계를 신격화하고, 창조주는 무시하는 것이 현명한 것 같다. 이런 경제 논리에서는 현생에 집중해야 하고 영원은 존재하지도 않는다. 내 인생이 다른 존재의 영광을 위해 존재한다는 생각이야말로 가장 어리석은 것이다.

그리스도에게 집중할 때는 언제나 십자가에 집중할 수밖에 없다

십자가에 집중하지 않으면서 그리스도께 집중하는 것은 불가능하다. 십자가에 못 박힌 그리스도는 우리가 우리 자신과 세계에 대해 아는 모든 것의 중심이 되어야 한다. 우리 안팎에 거주하는 악으로부터 우리를 구원할 구원자가 없다면 타락한 세상에서 오류투성이 사람들로부터 진정한 소망을 기대할 수 없다. 하나님의 창조세계가 온전히 회복되기 위해서는 십자가가 필요하다. 그리스도에 대한 충성심이 회복되고 그리스도가 마땅히 계셔야 할 우리 삶의 모든 중심에 서시게 되는 것은 오직 그리스도의 십자가를 통해서다.

어떤 모습일까?

샘은 기독교인이었지만 그의 신앙에는 열정과 방향성이 부족했다. 행동은 곧았지만, 공허하고 힘이 없어 보였다.

하지만 직장에서 그의 모습은 완전히 딴판이었다. 즉 매우 긍정적이고, 추진력이 있고, 의사소통도 잘하고, 열정이 넘쳤다. 출근도 가장 먼저 했다. 누가 시켜서가 아니라 본인이 원해서였다. 또 가장 늦게 퇴근하는 일이 잦았다. 하나님과 동행하고 교회생활을 하는 데는 전혀 열정이 없어 보였지만 직장에서는 활기가 넘쳤다.

왜 이렇게 다른 걸까? 뭐가 빠져 있는 걸까?

사정은 이러하다. 그리스도가 기독교인의 삶의 중심에 있지 않을 때, 그 사람의 신앙은 늘 신학이나 규율로 축소될 것이다. 신앙이 삶의 중심에서 원리를 체계화하는 역할을 하지 못한다. 다른 더 강력한 동기에 자리를 내주고 삶의 가장자리로 밀려난다.

지금도 많은 기독교인에게 일어나는 일이다. 그들의 기독교 신앙에는 그리스도가 빠져 있다! 그렇게 될 때 그들의 신앙은 윤리를 동반한 이데올로기에 지나지 않게 된다.

여기서 가장 위험한 것은 그리스도가 우리 마음에 있지 않으면 다른 것이 그 자리를 차지한다는 사실이다. 기독교 신앙을 신학이나 규율로 갖게 되면 자아가 중심을 차지하게 될 것이다. 우리를 작은 왕국의 속박에서 자유롭게 할 수 있는 것은 그리스도밖에 없다.

기능적으로 볼 때 샘의 신앙은 신념과 명령으로 축소되어 있었다. 하지만 그리스도가 빠진 기독교는 아름답지도 않고 능력도 없다. **오직 그리스도를 향한 사랑만이 모든 죄인을 파멸로 이끄는, 자신을 향한 강한 사랑을 무력화시킬 능력이 있고, 오직 그리스도의 은혜만이 그 사랑을 이끌어낼 능력이 있다.**

이와 같이 심지어 기독교 안에서도 그리스도가 다른 것으로 대체될 수 있다! 작은 왕국이 큰 왕국 행세를 하는 것이 가능하다. **기독교 행동주의**(Christian activism, 도덕적 명분에 열광하고 헌신하는 것)가 그리스도를 향한 사랑으로 변장할 수 있다. **율법주의**(Legalism)는 율법에 집착하고 인간의 의로움을 확신하면서도 그리스도를 향한 사랑처럼 변장할 수 있다. **형식주의**(Formalism)는 모든 모임과 교회 사역에 참여하는 데 온 힘을 다 쏟는 것인데, 이것 역시 그리스도를 향한 사랑으로 변장할 수 있다. 강렬한 감정을 중시하는 **감정주의**(Emotionalism)도 스스로를 그리스도를 향한 사랑이라 표방할 것이다. 진리의 순수성에 강하게 집착하는 **신조주의**(Creedalism)도 그리스도를 향한 사랑처럼 보일 것이다. 겉으로 진정한 기독교 경건처럼 보이는 모든 형식에 열심히 참여하는 **외식주의**(Externalism)도 그리스도를 향한 사랑처럼 보일 것이다.

이 모든 것이 다 큰 왕국 안에 있다. 전부 다 그리스도를 향한 사랑의 요소가 될 수 있다. 그러나 이것들이 갖는 위험성은 모두가 그리스도를 향한 사랑으로 위장하여 우리 마음에서 예수님 자리를 대신할 수 있다는 것이다. 사람은 자신의 작은 왕국의 목적을 추구하는 동시에 자기가 그리스도 중심적인 삶을 살고 있다고 얼마든지 생각할 수 있다. 하지만 사실상 그의 마음은 그리스도의 은혜가 주는 위로나 그리스도를 사랑하라는 요청에 전혀 반응하지 않는다.

많은 사람의 신앙에 그리스도를 위한 장소가 없다. 그들의 신앙은 실제로 그리스도를 믿는 것이 아니라 자기 힘으로 기독교 신앙을 살아낼 수 있다고 믿는다. 이런 기독교 신앙은 사실상 인간의 지식과 행위라는 그림자 영광에 불과하다. 이러한 신앙은 자아의 죽음을 요구하지 않는다. 반면 그리스도를 향한 사랑이 우리 마음을 통치하면 반드시 자아의 죽음이 따를 수밖에 없다.

그렇다면 큰 왕국, 즉 그리스도를 중심으로 사는 것은 어떤 모습인가? 이 책의 남은 부분에서 이에 대해 다루려고 한다. 이 책을 다 읽은 후에는 당신의 모든 상황과 관계 속에서 큰 왕국, 즉 그리스도가 중심 되는 초월적 삶을 사는 것이 어떤 것인지 명확히 알게 되기를 바란다.

먼저 네 단어를 소개하며 시작해보겠다. 다음 장에서 말씀 한 구절을 살펴볼 텐데, 그것이 이 타락한 세상에서 실제로 구별된 삶을 살게 해주는 그리스도 중심의 삶을 살도록 구체적인 방향을 제시해줄 것이다.

그리스도가 중심이 되는 방식으로 산다는 것은 그리스도가 우리의 원천이고, 동기이고, 목적이고, 소망이라는 의미다.

원천

여기서 깨닫게 되는 것은 정말로 소유할 가치가 있는 모든 것은 다 그분의 손에서 받은 선물이라는 사실이다. 또한 우리 스스로 우리만의 이야기를 쓸 수 없었다는 것이다. 우리가 처한 위치, 은사, 재능, 능력, 기회, 축복이 모두 그분으로부터 온다. 여기서 또 인정하게 되는 것은 우리는 그분의 지속적인 은혜 없이 마땅히 되어야 할 존재가 될 수 없고, 마땅히 해야 할 일도 할 수 없다는 것이다. 우리에게는 우리 스스로 가질 수 없는 지혜와 힘과 사랑과 인내와 참을성과 믿음이 필요하다.

또한 그리스도를 우리의 원천으로 본다는 것은 우리의 본능적인 능력의 한계가 아니라 다함없는 원천이 되시는 그분의 은혜로 나의 잠재력을 측량한다는 의미다.

우리는 늘 그분의 은혜에 의지하기 때문에 어디서든 은혜를 구한다. 말씀을 읽고, 다른 신자들과 교제하고, 공동체 예배에 참석하고, 사역에 동참하고, 성만찬에 참여하고, 영적 지도자들에게 지혜로운 조언을 구한다. 이 모든 것을 의무로 하지 않고 그리스도가 우리의 원천이고 우리는 그분의 은혜를 구해야 하기에 그렇게 한다.

동기

그리스도 중심의 삶을 산다는 것은 그분이 정말로 자신이 하는 모든 일의 이유가 되신다는 의미다.

우리는 그분을 알기 원한다. 우리는 이 땅에서 그분의 사역에 동참하기 원한다. 우리는 우리의 삶을 통해 그분을 기쁘시게 하기 원한다. 그분이 가치 있게 여기시는 것을 우리도 가치 있게 여기고 싶다. 그분이 우리를 향해 갖고 계신 목적을 우리 스스로 우리의 목적이라 규정한다.

그분의 말씀을 따르고, 그분의 인격을 닮기 원한다. 그분의 제자가 되기를 원하고, 그분의 대사가 되어 그분의 뜻이 우리의 행동, 반응, 말, 생각, 욕구를 형성하기 바란다.

또한 우리가 내리는 결정들은 우리를 기쁘게 하는 것이 아니라 그분을 기쁘시게 하려는 것이다. 그분의 나라에 동참하도록 선택받은 것에 감격하고, 그 나라의 목적, 가치, 목표에 맞는 방법으로 살고자 한다.

목표

그리스도 중심의 삶을 산다는 것은 우리 마음을 사로잡고 우리의 삶을 형성하는 단 하나의 영광인 그리스도의 영광을 위해 우리 삶에서 얻을 수 있는 다른 모든 영광을 기꺼이 내려놓는 것을 의미한다.

그분이 알려지고 영광을 받으시고 경배를 받으시고 순종을 받으시기를 진정으로 원한다. 그분의 목적이 이루어지길 진심으로 바란다. 우리가 경험하고 성취하고 싶은 것들이 있지만, 우리 삶에는 하나의 방향을 결정하는 나침반이 있다.

우리 삶의 목적은 그분의 영광과 존귀다. 이제 더 이상 자신만의 영광을 위해 살거나, 무언가를 결정하거나, 행하거나, 관계를 맺지 않는다. 훨씬 더 멋지고 더 아름다운 것을 발견했다. 그분이 우리 삶에 방향을 주고 기쁨을 주신다.

소망

당신은 무엇을 소망하는가?

어떤 바구니에 당신의 달걀을 전부 넣었는가?

"○○만 있으면 내 인생이 훨씬 멋질 텐데!"라고 말하는 것이 무엇인가?

무엇을 경험하기 바라고 소망하는가?

어떤 것이 마음을 차지하고 당신의 꿈을 좌우하는가?

구원을 줄 수도 없고, 영원하지도 않은 것에 아직도 투자하고 있는가?

그리스도가 당신의 소망인가?

그분이 당신의 삶이 서 있는 견고한 바위인가?

그리스도가 우리의 소망이 될 때, 그분은 우리가 확신하는 유일한 존재가 되신다. 우리는 그분의 지혜로 행동하고 그분의 은혜에 의지한다. 그분의 약속을 믿고 그분의 임재에 의존한다. 그분을 신뢰하며 그분이 약속하신 온갖 좋은 것을 구한다. 더 이상 원하는 것을 얻기 위해 거짓된 삶을 살거나, 누군가를 통제하거나 위협하지 않는다. 그리스도 안에서 우리가 원하는 것을 발견했기 때문이다. 즉 그분이 우리의 소망이다.

다음 질문을 생각해보라.

당신은 어떤 왕국을 위해 살고 있는가?

당신이 매일 추구하는 '선한 삶'은 어떤 것인가?

어떤 소망을 가지고 아침에 눈을 뜨고 그날 하루를 살아가는가?

그리스도가 삶의 중심인가?

지난 한 달간의 삶을 비디오로 보며 당신이 무슨 말을 했고, 왜 그 말을 했는지 들어본다면 무엇이 가장 극명하게 드러날까?

어떤 결정을 내렸고 다른 사람과 어떻게 관계를 맺었는지 보면서 당신이 무엇에 관심이 있었고 무엇을 위해 치열하게 싸웠는지 알게 된다면 어떤 왕국이 드러날 것 같은가?

책임감에 어떻게 반응했고 남는 시간을 어떻게 투자했는지 본다면, 또 바쁜 순간이나 조용한 순간에 어떻게 행동했는지 본다면, 심지어 자신과 나눈 은밀한 대화를 듣는다면 그리스도가 당신 삶의 중심이라고 결론 내릴 수 있겠는가?

그분이 진정으로 당신의 원천이요, 동기요, 목표요, 소망인가?

당신의 신앙은 사실상 그리스도를 배제하고 있지 않은가?

큰 왕국의 중앙에서 작은 왕국이 버젓이 활동하고 있는 것은 아닌가?

당신 세상의 중심에서
무엇이
그리스도와 경쟁하는가?

자신의 죽음에
참여할 준비가 되었는가?

9

자신을 부인하고 자기 십자가를 지라

제자 다른 사람의 가르침을 추종하거나 그 사람을 본받는 사람

그리스도는 우리를 죽음으로 부르시지만 실제로는 우리를 죽음에서 구하시고 진정한 삶을 주신다

우리는 할 수 있는 한 그 방에 가는 것을 피했다. 그곳은 편하거나, 자연스럽거나, 수월하지 않을 거라는 사실을 알았다. 아무도 기쁘게 그 방을 나설 수 없을 게 분명했다.

삶에 대해, 내일에 대해, 미래에 대해 말할 수 있다면 좋았을 것이다. 하지만 그날 우리는 죽음에 대해 이야기하러 그 방으로 갔다. 엄마의 몸은 더 이상 엄마를 지탱할 수 없었다. 엄마는 의료장비에 의지하여 간신히 목숨을 연명하고 있었고, 의사는 우리가 얼마나 더 엄마를 그 상태로 두기 원하는지 물었다. 죽음에 대한 증오가 얼마나 보편적인지, 이 중환자실에서 얼마나 많은 사람이 슬퍼했을지, 또 얼마나 많은 사람이 이 병실을 드나들며 사랑하는 사람이 다시 회복되기를 바랐을지 생각했던 기억이 난다.

이런 모든 상황을 염두에 둘 때, 그리스도께서 제자들을 돌아보시며 그들이 죽어야 한다고 말씀하신 것은 매우 충격적이었을 것이다. 사람들을 선동하거나 그분의 나라가 잘 팔리게 하는 방법은 분명 아니었다. 그리스도는 그분의 말씀을 듣는 자들에게 모든 사람의 직관에 반하는 요구를 하고 계셨다.

우리는 모두 자신의 육신적인 삶과 자기 나름대로 갖고 있는 삶의 정의를 지키기 위해 일한다. 위험이나 상해, 고통, 어려움, 시련, 손실을 피하기 위해 열심히 일한다. 생명을 보존하고 지키려는 이러한 본능은 모든 사람 안에 깊이 내재되어 있다. 그런데 생명의 창조주께서 사실상 우리에게 죽음에 대해 긍정적으로 생각하라고 요청하고 계신다. 말이 안 되는 것처럼 보인다. 그리스도의 요청이 갖는 심오한 논리를 이해하기 전까지는 그렇게 보일 것이다.

누가복음 9장 23-26절에 기록된 그분의 말씀을 살펴보자.

또 무리에게 이르시되 아무든지 나를 따라오려거든 자기를 부인하고 날마다 제 십자가를 지고 나를 따를 것이니라. 누구든지 제 목숨을 구원하고자 하면 잃을 것이요 누구든지 나를 위하여 제 목숨을 잃으면 구원하리라. 사람이 만일 온 천하를 얻고도 자기를 잃든지 빼앗기든지 하면 무엇이 유익하리요. 누구든지 나와 내 말을 부끄러워하면 인자도 자기와 아버지와 거룩한 천사들의 영광으로 올 때에 그 사람을 부끄러워하리라.

여기에 당신이 늘 염두에 두어야 할 가장 실질적인 진리 하나가 있다. 이 진리는 당신이 현재의 삶을 투자하는 방법, 소망을 두는 곳, 그리고 당신이 누리도록 창조된 초월적인 삶과 깊은 관련이 있다. 이 진리는 '**자기 왕국은 삶을 약속하지만 죽음을 가져오고, 하나님 나라는 죽음을 요구하지만 생명을 준다**'는 것이다.

따라서 당신이 반드시 기억해야 할 것은 우리는 계속해서 그 반대가 맞다고 생각하도록 유혹을 받는다는 것이다. 좀 더 강하게 표현하면 현실세계의 가장 큰 위험은 생명인 척하는 죽음이다.

죽음은 에덴동산에서 생명인 척했고 이후에도 계속 그렇게 하고 있다. 잠언 14장 12절은 죽음의 속임수를 잘 요약한다. "어떤 길은 사람이 보기에 바르나 필경은 사망의 길이니라."

우리 죄인들은 죽음을 받아들이면서 생명은 거부하는 일을 매우 잘한다. 주의를 기울여보면 당신 주변에서도 쉽게 볼 수 있을 것이다.

예를 들어 TV를 보면 간음이 생명으로 그려진다. 물론 성적 욕망을 느끼는 순간이나 불법적인 성행위를 하는 순간이 처음에는 활력을 주는 것처럼 보일 수 있다. 충만한 삶처럼 느껴질지도 모른다. 하지만 간음은 몸과 영혼을 잔인하게 투자하는 것이다.

성경은 간음의 관계가 어디로 흘러가는지 우리에게 경고한다. "나중은 쑥같이 쓰고 두 날 가진 칼같이 날카로우며 그의 발은 사지로 내려가며 그의 걸음은 스올로 나아가나니"(잠 5:4-5).

혹은 폭식을 한번 생각해보자. 이것은 하나님이 창조하신 좋은 것을 즐기는 것으로 무해한 것처럼 보일 수 있다. 하지만 사실은 진정한 삶을 빼앗고 몸과 영혼을 다 망치는 길이다.

물질적 소유도 마치 우리에게 생명을 줄 힘이 있는 것처럼 보인다. 더욱이 물질적 소유는 볼 수 있고 만질 수 있다는 이유로 생명처럼 보일 것이다. 감각을 만족시키는 좋은 것들로 자신을 에워싸면 매우 강력한 즐거움을 경험하게 될 것이다. 하지만 실제로 물질주의는 우리를 약탈한다. 우리 마음을 사로잡은 물질들이 우리에게 생명을 줄 수 없기 때문이다. 물질주의는 우리 영혼을 위축시키고 결국 죽게 한다. 때문에 성경이 반복해서 우리에게 경고하는 것은 생명은 물질적인 '빵' 그 이상의 것에 속해 있다는 것이다.

어린이들에게도 그 속임수가 통하는 것을 보게 된다. 아이에게는 자기 마음대로 하고 자기가 부모 노릇을 하는 것이 진정한 삶처럼 보일 것이다. 순종보다 불순종이 좋은 삶으로 가는 더 빠른 길로 보일 것이다. 하지만 성경은 그 반대를 말한다. 장수는 부모를 높이고 부모에게 순종하는 사람에게 주는 약속이다. 그래서 우리는 그리스도의 경고를 들어야 한다. '생명인 척하는 죽음'이 반복해서 우리를 속일 수 있기 때문이다.

누가복음에서 그리스도가 하신 말씀을 **요청**, **논리**, **질문**, **경고**라는 네 가지 항목으로 정리해보겠다. 지금부터 함께 살펴보자.

죽어야 한다(요청)

예수님께서 말씀하셨다. "아무든지 나를 따라오려거든 **자기를 부인하고 날마다 제 십자가를 지고 나를 따를 것이니라**"(눅 9:23, 저자 강조). 이 세 가지 요청은 진정한 생명의 삶으로 난 유일한 문이다.

예수님은 제자들에게 자신의 본을 따르라고 요청하신다. 우리에게 생명을 주려고 죽으신 그분이 기꺼이 죽고자 하는 사람들에게 생명을 약속하신다.

자기를 부인하고: 자아를 우선시하는 데서 죽으라

아주 어릴 때부터 자기 자신에 대한 사랑이 우리 행동과 말을 형성한다. 장난감을 서로 가지려고 싸우고, 마지막 시리얼을 먹겠다고 싸우고, 화장실을 먼저 사용하겠다고 싸운다. 옳게 보이고, 매력적으로 보이고, 이웃과의 논쟁에서 이기고, 승진하려고 일한다. 1등이 되고, 최고가 되고, 중심이 되고, 가장 힘 있는 자가 되고, 가장 유명해지고, 가장 사랑받기 위해 애를 쓴다.

우리는 우리 자신을 사랑하고, 자신의 삶을 위한 멋진 계획을 가지고 있다! 또한 우리 자신의 욕망에 탐닉하고 우리의 필요를 채우기 위해 무엇이든 한다.

정말로 솔직해진다면 많은 사람이 자기 자신을 위해, 자신만의 삶을 사는 데 온전히 만족한다고 말할 수 있을 것이다. 하지만 그리스도는 우리에게 생각할 수 없는 것을 하라고 요구하신다. 가장 거절하기 힘든 대상인 나 자신에게 "안 돼!"라고 기꺼이 말하라 요구하신다.

그리스도께서 하신 말씀의 요지는 이러하다. "살고 싶다면, 나의 영원한 왕국이 주는 초월적인 기쁨을 경험하고 싶다면, 생명에 대한 집착을 버려라. 붙잡고 있던 것을 놓고 빈손으로 너의 생명을 나에게 돌려라."

이제 스스로에게 질문해보라. '내가 살고 일하는 곳에서 나는 그리스도의 요청을 따르고 있는가?' 누군가 이렇게 말할지 모르겠다. "솔직히 그렇게 하는 것이 어떤 것인지 잘 모르겠어요."

자, 그럼 당신의 삶을 투자라고 생각해보자. **우리는 매일 우리의 시간과 돈과 은사와 재능과 에너지와 관계와 자원들을 뭔가를 추구하는 데 투자한다.**

당신의 삶은 당신의 삶을 추구하는 데 투자되고 있는가? 개인적인 바람이나 필요 이상의 더 큰 목적을 갖고 있는가? 자신에게 "아니"라고 말하는 것이 어려운가? 다른 사람이 무심결에 당신이 원하던 것을 가로막았을 때 분노하고 참지 못하고 화를 내는가? 자신의 삶이 실제로 당신의 것인 양 아직도 자신의 삶을 부여잡고 있는가?

자기 십자가를 지고: 자기 삶을 추구하는 것에서 죽으라

십자가는 성경에서 두드러진다. 십자가는 역사상 가장 말도 안 되는 일로 보인다. 큰 실수, 기분 나쁜 농담처럼 보인다. 인간의 형상을 입은 하나님이 공개적으로 매몰차고 부당하게 죽임을 당한 사건에서 어떤 선한 것도 나올 수 없어 보인다. 십자가에서는 긍정적이고 함축적인 의미를 찾을 수 없었다. 당시 가장 저급하고 패악한 범죄자들이 받는 가장 끔찍한 벌이었다. 도시 외곽 언덕에서 공개적인 수치를 당하는 것으로, 언제나 죽음으로 끝났다.

그러나 십자가는 기분 나쁜 농담이 아니다. 그것은 역사상 가장 아름다운 모순이다. 메시아의 죽음은 그분을 믿는 사람들에게 생명을 줄 수 있는 유일한 방법이었다. 십자가의 소망은 한 사람이 다른 사람을 위해 기꺼이 희생하고자 하는 데 있다.

날마다 자기 십자가를 지라는 그리스도의 요청이 의미하는 바가 바로 이것이다. **우리가 생명을 얻도록 자신의 생명을 희생하신 분이 그 제자들에게 그분을 위해 그들의 생명을 희생하라고 지금 요청하신다.** 자신의 왕국만 이해하는 세계에서는 그리스도의 큰 왕국을 위해 사는 것이 늘 희생과 고통을 동반하게 될 것이다.

당신이 드리기를 주저하는 것은 무엇인가? 돈? 생활방식? 명성? 집? 권위? 힘? 다른 사람들의 평가? 차? 친구 관계? 미래에 대한 계획? 이러한 즐거움들 중에서 어떤 것을 날마다 자기 십자가에 못 박기 거절하고 있는가?

나를 따르라: 자신의 계획을 따르는 데서 죽으라

당신의 삶은 어디를 향하고 있는가? 누구의 계획을 따르고 있는가? 당신은 누구의 꿈을 따라 결정하고 행동하는가? 하루, 일주일, 한 달, 일 년의 일정을 누가 정하는가? 당신의 계획을 완수한다면 당신의 삶은 어떤 모습이겠는가?

그리스도는 우리가 다스리는 것에서 죽으라고 요청하신다. 우리가 행하는 모든 것을 우리 삶을 향한 그분의 목적에 맞추라고 요청하신다. 우리는 그분의 자녀로서, 더 이상 자기 삶을 마음대로 좌지우지하는 자기 왕국의 왕으로 살면 안 된다.

우리는 우리 자신을 위해 계획을 세우는 것보다 더 큰 것을 위해 부르심받았다. 우리가 생각하고, 바라고, 말하고, 행하는 모든 것이 우리에게 주어진 새로운 정체성에 들어맞아야 한다. **우리는 따르는 자로 선택되었고, 부름받았다. 그것은 우리가 더 이상 주인으로 살지 않는다는 의미다.** 그분의 피로 값을 지불하고 우리를 사셨기에 우리 삶은 더 이상 우리 것이 아니다(고전 6:19-20 참조).

어떤 정체성이 당신의 행동과 반작용과 삶에 대한 반응들을 형성하는가? 당신은 자기 왕국의 왕처럼 살고 있는가? 그리스도의 요청을 자신의 완벽한 계획 안에 구겨 넣고 있는가?

빌은 고등학교에 다닐 때 완벽한 계획을 갖고 있었다. 그는 자신이 어떤 존재가 되고 싶은지, 자신의 삶이 어떤 모습이어야 하는지 정확히 알고 있었다. 그는 의지가 확고해서 어떤 장애물에도 끄떡하지 않았다. 문제는 빌이 신실한 신자였다는 것이다.

어느 순간부터 그의 계획과 그를 향한 하나님의 계획이 점점 충돌하기 시작했다. 그의 계획 때문에 가족과 교회를 위해 시간을 거의 쓸 수 없었다. 그의 계획 때문에 다른 사람들을 도울 자원이 거의 남지 않았다. 그의 계획은 자신에게만 집중되어 있었고 너무 치밀하게 짜여 있어서 하나님이 끼어들 틈이 없었다. 신앙을 버리거나 교회를 떠나지는 않았지만, 개인적인 차원에서 그의 삶은 사실상 기독교인이라 할 수 없었다. 빌의 문제는 자기가 삶의 주인이었다는 것이다. 그는 자신이 따르는 분의 정체성을 갖고 있지 않았다.

그리스도는 그분의 자녀들에게 이 세 가지 죽음을 요구하신다. 자아를 우선시하는 데서 죽고, 자신의 삶을 추구하는 데서 죽고, 자신의 계획을 추구하는 데서 죽기를 요구하신다.

당신은 이와 같이 그분의 제자로 살고 있는가? 그분의 본을 따르고 있는가?

자기 인생을 살겠다는 주장에 대해 죽을 때, 우리는 비로소 주를 위해 사는 초월적인 영광을 경험하게 될 것이다. 생각할 수도 없는 일(자신의 죽음을 자처하는)을 기꺼이 하고자 할 때만 멋진 것(우리가 창조된 목적인 초월성)을 소유하게 된다.

영적 자살을 피하게 된다(논리)

그리스도는 왜 이리 어려운 요청을 하실까? 왜 이 세 가지 죽음보다 더 쉬운 것을 주시지 않은 걸까? 그 이유는 그리스도께서 우리를 아시기 때문이다. 그분은 죄의 속성과 관성을 아신다.

죄는 본성상 자기중심적이다. 죄는 우리 모두를 큰 왕국에서 끌어내 작은 왕국을 향하게 한다. 죄는 우리 마음이 개인적인 욕망에 이끌리고 필요를 느끼게 만든다. 죄는 우리와 다른 사람들을 위해 자신만의 규율을 정하고 싶게 만든다. 죄는 자신이 정한 목적을 위해 하나님의 은혜를 마음대로 사용하게 만든다. 죄는 우리 마음대로 우리 이야기를 쓰고 하나님께 승인을 요청하게 만든다. 죄는 끊임없이 요구하게 만들고 참지 못하게 한다. 죄는 양손으로 우리 인생을 거머쥐게 하고, 우리의 목적을 위해 그것을 지키려고 모든 일을 다 하게 만든다.

반면 그리스도는 우리를 우리 자신의 죽음으로 기꺼이 참여하도록 부르실 뿐 아니라, 그 부르심에 합당한 논리적 근거도 주신다. 그 논리는 하나님 나라의 심오한 원리 안에서 발견된다. 바로 **'제 목숨을 구원하고자 하면 잃을 것이요 그리스도를 위하여 제 목숨을 잃으면 찾으리라'**(눅 9:24; 마 16:25; 막 8:35 참조)이다.

다시 말하지만 작은 왕국은 생명을 약속하지만 죽음을 가져오고, 큰 왕국은 죽음을 요구하지만 생명을 준다. **자신이 성취하고 경험하고 즐기고 싶은 것을 꿈꾸는 데 급급하게 되면 절대로 진정한 생명을 경험할 수 없을 것이다.** 오히려 영혼이 점점 서서히 쇠락해져 결국에는 생명력이 남아있지 않게 될 것이다.

우리의 생명은 주님과의 관계에서만 발견할 수 있다. 때문에 생명이신 그분 밖에서 생명을 구하면, 결국 영적 자살을 저지르는 꼴이 된다.

작은 왕국의 약속들은 언제나 실패할 것이다. 그 약속들은 언제나 우리를 결핍 상태로 남겨놓는다. 우리 마음이 숨을 쉬기 위해 필요한 영적 산소는 주님 안에서만 발견될 수 있기 때문이다.

성취, 인정, 외모, 소유 등이 잠깐은 정체성과 의미, 목적을 줄 수 있을지 모른다. 그러나 이 약속들은 과정 속에서 당신을 속박할 것이고 결국에는 당신을 실망시킬 것이다.

많은 사람이 이러한 자포자기적인 방식으로 살아간다. 마른 우물에서 물을 마시고, 산소가 아닌 것을 들이마시면서 자신이 죽어가는지도 모른 채 말이다. 살려고 생명에 집착하게 되면, 우리가 이 땅에서 경험하도록 주신 생명을 경험할 수 있는 가능성을 파괴하게 된다. 우리가 누리도록 창조된 초월적인 기쁨과 즐거움은 죽음 저편에 있다.

한 가지 예를 들어보겠다. 마태복음 6장 19-34절에서 그리스도는 우리 자신의 공급과 즐거움을 위해 사는 것이 걱정과 근심으로 이끈다고 가르치신다. 걱정은 삶에서 어떤 것도 변화시키지 못한다. 아무리 근심하며 초조해해도 우리가 걱정하는 그 어떤 것도 변화되지 않는다.

다만 그것은 우리를 변화시킨다. 걱정은 우리 영혼의 암이다. 걱정은 우리의 시간과 쉼과 힘과 용기와 소망과 인격과 관계와 목적과 예배와 즐거움과 만족을 갉아먹는다. 걱정이 우리의 삶을 지켜줄 거라 스스로에게 말하지만, 실제로는 우리 안에 있는 수많은 선한 것들이 죽는다. 따라서 우리의 생명을 고집하는 것은 실패가 이미 결정된 계획이다. 죽을병이다. 절대, 아무 효과가 없다.

당신에게 자신을 향한 사랑과 자기 삶을 위한 멋진 계획이 있음을 인정하라. 우리 주님은 이것을 알고 계신다. 자신의 삶에 대한 애착이 얼마나 견고하고 끈질긴지 알고 계신다. 자신의 삶을 통제하고, 유지하고, 보존하고, 통치하려는, 개인적인 강한 욕망의 힘을 알고 계신다. 그 힘이 너무나 강해서 죽음만이 해결책임을 알고 계신다.

생명을 포기하지 않는 한, 왕을 사랑하고 예배하는 삶 대신 진정한 생명을 줄 수 없는 다른 것을 따르려는 유혹이 언제나 우리를 따라다닐 것이다.

모든 것을 가졌다면?(질문)

그 장면이 아직도 생생하다. 성경에 나오는 그대로를 보는 듯했다.

언덕 중앙에 아름다운 집이 있었다. 언덕 위 높은 곳에 위치해 있었고, 벽 전체가 유리로 되어 있었다. 깨끗하게 손질된 마당과 우거진 수풀, 아름다운 꽃들로 둘러싸여 있었다. 나는 그곳 정원사여서 하나하나 자세히 알고 있었다. 수영장과 넓은 온실도 있었다. 차고가 매우 넓었는데도 값비싼 자동차들이 차도까지 세워져 있었다. 주인에게 없는 것이 있을까 싶었다. 그는 엄청나게 부자였다. 권력과 지위도 있었다. 재산이 너무 많아서 어떻게 써야 할지 모를 정도였다. 아침이면 온 마을이 이 저택의 그림자를 받으며 잠에서 깨어났다. 그는 모든 것을 가지고 있었다. 하지만 영혼이 없는 사람이었다!

삶에서 가장 중요한 목적을 잃은 채 살고, 일하고, 성취하는 것은 얼마나 슬픈 일인가!

언덕 위에 사는 그 사람의 문제는 부자라는 사실이 아니다. 오직 돈을 위해 살다보니 충격적일 만큼 영적으로 가난한 사람이 되었다는 것이 문제였다. **자기 왕국에 투자하는 것만큼 형편없는 투자가 또 있을까!** 세상에서 가장 부자이지만 이 땅에서 경험해야 할 가장 중요한 한 가지, 즉 하나님과의 친밀함과 그분의 영광에 헌신하는 것이 빠졌다면 무슨 유익이 있겠는가?

이 모든 것을 알면서도 어떤 때는 아내와 호화로운 식사를 하는 것이 그 돈을 하나님 나라의 역사를 위해 드리는 것보다 더 나은 삶처럼 보일 수 있다. 친구가 생기는 것이 주님을 사랑하는 것보다 더 생명력을 주는 것처럼 보일 수 있다. 재물을 쌓는 것이 인격의 성숙보다 기능적으로 더 삶에 활력을 주는 것처럼 보일 수 있다.

우리 삶을 온갖 잘못된 보화를 얻는 데 낭비하기가 얼마나 쉬운지 모른다. 삶에서 가장 중요한 것은 보이지 않는 것들임을 기억하기란 너무나 어렵다. 언덕 위에 살던 나의 고용주는 그의 인생을 잘 투자하지 못했다. 예수님은 아마도 그 사람의 삶에 어떤 유익도 없다고 말씀하셨을 것이다.

작은 왕국을 더 선호하는 위험(경고)

누가복음 9장 26절에서 예수님은 간단명료하게 다음과 같이 말씀하신다. "나를 부끄러워하면 인자도 그 사람을 부끄러워하리라."

무슨 의미인가? 예수님을 부끄러워한다는 것은 세상과 세상이 주는 것을 더 좋아한다는 의미다. 기능적으로 그리스도가 당신의 삶에서 마땅히 계셔야 할 자리에 계시는 것을 거부한다는 의미다. 마음의 생각과 욕망을 다스리는 권리를 그리스도가 아닌 다른 것에 준다는 의미다. 그리스도께서 주시는 생명을 거부하고 다른 곳에서 생명을 찾는다는 의미다. 그리스도를 아는 지식을 최고의 보물로 여기지 않고 눈에 보이는 물질세계의 보물을 높인다는 의미다.

여기서 짚고 넘어갈 것은 지금 그리스도께서 신학(믿음에 대해 공식적으로 진술하는 내용)에 대해 말씀하시는 게 아니라는 것이다. 오히려 그분은 우리가 매우 소중하게 여기는 것, 혹은 너무나 좋아해서 동기를 부여하는 것, 그래서 그것에 따라 바라고, 생각하고, 말하고, 행동하는 것이 다 결정되는 것들에 대해 말씀하고 계신다. 그리고 이렇게 경고하신다. "나를 너희 삶에서 합당한 장소에 있게 하기를 거부하면 나도 영광 중에 너희를 나와 함께 있게 하지 않겠다." 쉽게 요동치는 마음을 가진 우리가 가볍게 들어서는 안 될 경고다.

당신은 주일에만 그리스도를 높이고 주중에는 다른 보물들을 위해 열정과 시간을 다 투자하지 않는가? 물론 일하고, 먹고, 쉬고, 투자하고, 관계 맺어야 한다. 문제는 무엇이 당신의 마음을 통치하고 있고, 무엇이 당신의 판단과 행동을 결정하느냐다.

달콤한 약속

그리스도의 부르심은 정말 어려워 보인다. "너 자신을 부인하고 네 십자가를 지고 나를 따르라."

하지만 이 어려운 요청이 실제로는 은혜의 부르심이다. 우리를 구원하시려는 방편이다. **당신을 죽음으로 부르시면서 그분은 사실상 당신을 죽음에서 보호하고 계신다.** 당신의 주님은 당신에게 자살하려는 경향이 있음을 아시기에 당신을 그냥 혼자 내버려두지 않으실 것이다. 그분은 당신이 생명을 보면서 죽음이라 생각하고, 죽음을 보면서 생명이라 생각할 것을 아신다. 그분은 당신이 자신의 것이 아닌 것은 꽉 쥐면서 은혜로 주시는 선물은 받지 않으려 할 것을 아신다.

원하는 모든 것을 얻었지만 자신이 창조된 목적을 잃는 것만큼 더 끔찍한 일이 있을까?

죽으라는 그분의 부르심은 당신이 추구하는 너무나도 무모한 꿈들을 넘어서는 삶을 살라는 제안이다. 그 삶은 기쁨과 만족과 목적과 즐거움이 있는 삶으로, 비참하게 일그러진 이 세상은 결코 줄 수 없는 삶이다. 그러므로 당신의 삶을 자신만의 삶의 크기로 축소시키는 것은 생명이 아니다. 생명의 가면을 쓴 죽음이다.

그러나 하나님의 끝없는 사랑과 놀라운 은혜로 우리를 향한 그분의 모든 부르심이 위로로 다가온다. 모든 명령은 환영이 되고 모든 호소는 자비의 빛을 띤다. 이사야 55장 1-2절의 초대를 들어보라.

오호라 너희 모든 목마른 자들아

물로 나아오라.

돈 없는 자도 오라.

너희는 와서 사 먹되

돈 없이, 값 없이 와서

포도주와 젖을 사라.

너희가 어찌하여 양식이 아닌 것을 위하여 은을 달아 주며
배부르게 하지 못할 것을 위하여 수고하느냐.
내게 듣고 들을지어다.
그리하면 너희가 좋은 것을 먹을 것이며
너희 자신들이 기름진 것으로 즐거움을 얻으리라.

풍성하고 만족을 주는 삶이다. 당신이 스스로 성취하거나 계획할 때 느끼는 기쁨을 초월하는 기쁨이 있다. 당신이 하나님의 자녀라면 당신의 삶에는 초월적인 의미와 목적이 있다. 하지만 자신의 삶을 꽉 잡고 있는 한 절대로 발견할 수 없을 것이다. 이사야는 우리에게 이렇게 말하고 있다. "결코 만족을 줄 수 없는 것을 위해 왜 그토록 열심히 일하는가? 절대 채워질 수 없는 것에 왜 그렇게 많이 투자하는가?"

초월적인 의미와 목적과 즐거움을 갖는 이 놀라운 삶은 죽음을 지나야 발견할 수 있다. **자신을 부인하고, 자기 십자가를 지고, 주를 따를 때만 당신이 창조된 목적인 초월적인 인간성을 경험하기 시작한다.**

기억하라. 당신을 향한 그리스도의 부르심은 구원이다. 자기를 부인하고 따르라는 요청을 하시면서 그리스도는 당신에게 당신이 스스로 얻거나 성취할 수 없는 것을 주신다. 그것은 결혼생활에서, 아이를 키우면서, 재산을 축적하면서, 좋은 친구 관계 속에서, 신학 지식 속에서, 혹은 가장 아름다운 장소에 있다고 해서 발견할 수 있는 것이 아니다.

그리스도는 당신이 스스로 얻을 수 없는 것, 그리고 물리적인 피조세계는 절대 줄 수 없는 것을 당신에게 제안하신다. 바로 그리스도를 아는, 모든 것 위에 뛰어난 영광을 주시려는 것이다.

이것이 세상이 받을 최고의 상이다. 이것이 온 우주 최상의 식사다. 이것이 당신의 삶에 의미를 주고, 당신을 영원한 즐거움으로 채워줄 유일한 것이다.

매일의 상황과 관계 속에서
당신은 어디서 자기를 부인하고,
자기 십자가를 지고,
그리스도를 따르는 일이 어려운가?

삶의 초점이
어디에 있는가?

10

그리스도 중심으로 살라

초점 이목이나 관심, 혹은 활동의 중심점

하나님 나라의 삶은
예수님께 초점을 맞추며
사는 것이다

사역의 이름으로는 다소 진부하다고 생각했지만 그 이름 뒤에 숨겨진 의미가 점점 좋아졌다. 그 이름은 바로 '예수님 초점 사역'(Jesus Focus Ministry)이었다.

이름은 모든 것을 말하는 방식이다. 우리는 이름대로 부름받았다. 우리는 은혜로 나 중심적인 삶에서 구원받았다. 죄로 인해 우리 안에는 땅에 매인 보화와 걱정에 매인 필요에 지배받으며 살고자 하는 경향이 생기게 되었다. 그러나 하나님의 은혜는 주 예수 그리스도의 인격과 사역과 뜻에 집중하여 새롭고 더 나은 방식으로 살라고 부른다.

은혜는 자신이 통치하는 작은 왕국을 헐어버리고, 나아가 광대한 하나님의 큰 왕국에 거하게 한다. **그곳은 예수님이 중심에 계시고, 예수님께 초점을 맞추는 큰 왕국이다.** 예수님이 중심에 계시지 않고 더 이상 예수님께 초점을 맞추지 않는다면 큰 왕국은 자신의 통치를 받는 수백만 개의 고립된 왕국이 되고 만다. 거듭 말하지만 큰 왕국의 삶은 예수님께 초점을 맞춘 삶이다. 그렇다면 이것은 정확히 어떤 의미일까?

이 질문에 대해 앞 두 장에서 다루었지만, 이번 장에서 더욱 정확하게 정의 내려보려 한다. 내가 우려하는 것 중 하나는 기독교인들이 도식화된 유사 성경 언어를 사용하는 경향이 있다는 것이다. 물론 그것의 유익이 있다. 하지만 그것이 정확한 이해를 못하게 가릴 수도 있다.

언젠가 수련회에서 믿음의 삶을 주제로 설교한 적이 있다. 그때 청중에게 믿음(faith)에 대해 정의해보라고 요청했다. 한 분이 이렇게 대답했다. "믿는다(believe)는 뜻입니다." 다시 내가 말했다. "믿는다(believe)는 것은 무슨 뜻이지요?" 또 다른 분이 대답했다. "신뢰(trust)한다는 의미입니다." 그래서 또 물었다. "신뢰(trust)는 무슨 뜻일까요?" 대답이 돌아왔다. "그것은 믿음(faith)을 갖는 것입니다." 무슨 일이 벌어졌는지 알겠는가? 도식화된 성경 용어로 또 다른 성경 용어를 정의하고 있다. 이 용어들은 계속 사용했기 때문에 익숙한 것이지 정확히 이해된 것이 아니다.

이후 토론이 더욱 깊어지면서 그 방 안에 있던 소수만이 믿음의 정의를 정확히 알고 있는 것으로 밝혀졌다. 사도 바울은 이렇게 썼다. "나의 의인은 믿음으로 말미암아 살리라"(히 10:38). 믿는 자에게 성경이 말하는 믿음을 이해하는 것보다 더 중요한 것이 있을까?

그래서 이제부터 하나님 나라의 삶, 더 엄밀히 말해 그리스도 중심의 삶에 대해 정의를 내려보려 한다. 하나님 나라의 삶이란 예수 그리스도의 목적과 인격과 부르심과 은혜와 영광을 내가 생각하고, 바라고, 말하고, 행동하며, 소망하는 것의 중심 동기로 삼는 것이다. 이러한 삶을 살 때, 우리가 창조된 목적인 초월성을 다시 한 번 경험하게 되고 속박에서 자유하게 된다. 또한 이렇게 살 때 의미 있고 목적 있는 삶을 살게 되는데, 거기서 하나님이 당신을 어디에 심으셨든 세상과 구별된다.

예수님께 초점을 맞춘 삶

구약에는 큰 왕국, 즉 예수님 중심의 삶을 다른 어떤 것보다 명확하게 규명하는 구절이 있다. 예수님은 구약과 신약 모두의 주인이시기 때문에 구약성경에서도 그리스도 중심 구절이 나오는 것은 당연하다. 이 구절은 요단강을 건너 약속의 땅으로 들어가기 전 하나님이 이스라엘에게 교훈하시는 부분에 있다. 마치 대학에 입학하는 자녀와 부모의 대화를 읽는 것 같다. 자녀와 헤어지기 전, 부모는 지난 18년간 가르치려 한 모든 중요한 지침과 가치를 요약해서 자녀의 머릿속에 새기려고 노력한다. 이 말씀은 모든 신학, 윤리학, 변증론을 포함하여 평생에 가져야 할 성경적 세계관을 5분 내로 요약한 것이다. 이 구절에 풍부한 내용이 담겨 있다.

> 이스라엘아 네 하나님 여호와께서 네게 요구하시는 것이 무엇이냐. 곧 네 하나님 여호와를 경외하여 그의 모든 도를 행하고 그를 사랑하며 마음을 다하고 뜻을 다하여 네 하나님 여호와를 섬기고 내가 오늘 네 행복을 위하여 네게 명하는 여호와의 명령과 규례를 지킬 것이 아니냐.
> 하늘과 모든 하늘의 하늘과 땅과 그 위의 만물은 본래 네 하나님 여호와께 속한 것이로되 여호와께서 오직 네 조상들을 기뻐하시고 그들을 사랑하사 그들의 후손인 너희를 만민 중에서 택하셨음이 오늘과 같으니라. 그러므로

너희는 마음에 할례를 행하고 다시는 목을 곧게 하지 말라. 너희의 하나님 여호와는 신 가운데 신이시며 주 가운데 주시요 크고 능하시며 두려우신 하나님이시라. 사람을 외모로 보지 아니하시며 뇌물을 받지 아니하시고 고아와 과부를 위하여 정의를 행하시며 나그네를 사랑하여 그에게 떡과 옷을 주시나니 너희는 나그네를 사랑하라. 전에 너희도 애굽 땅에서 나그네 되었음이니라. 네 하나님 여호와를 경외하여 그를 섬기며 그에게 의지하고 그의 이름으로 맹세하라. 그는 네 찬송이시요 네 하나님이시라 네 눈으로 본 이 같이 크고 두려운 일을 너를 위하여 행하셨느니라. 애굽에 내려간 네 조상들이 겨우 칠십 인이었으나 이제는 네 하나님 여호와께서 너를 하늘의 별같이 많게 하셨느니라(신 10:12-22).

중요한 질문

이 구절은 큰 왕국의 삶을 살기로 헌신한 사람이 물을 수 있는 위대한 질문으로 시작한다. "네 하나님 여호와께서 네게 요구하시는 것이 무엇이냐?" 여기서 문제는 일련의 새롭고 다른 것들을 행하는 것이 아니라 하나님께서 이미 당신 삶에서 완전히 새로운 방식으로 행하고 계신 일에 반응하는 것이다.

몇 가지 예를 들어보겠다. 하나님은 당신에게 남편이나 아내로서 무엇을 요구하시는가? 하나님은 당신에게 부모로서 무엇을 요구하시는가? 또 하나님은 당신에게 친구나 이웃으로서 무엇을 요구하시는가? 하나님은 당신에게 그리스도 몸의 한 지체로서 무엇을 요구하시는가? 하나님은 당신이 속한 지역사회, 도시 및 국가의 시민으로서 무엇을 요구하시는가? 하나님은 당신에게 노동자나 고용주로서 무엇을 요구하시는가? 물리적 행성인 지구에 거주하는 사람으로서 당신에게 무엇을 요구하시는가? 당신의 재산과 재물에 대해 무엇을 요구하시는가? 이 질문들에 답하는 방식이 당신 삶의 방식을 강력하게 형성할 것이다.

이 중대한 질문들에 대해 신명기에서 경외, 행함, 사랑이라는 3가지 심오한 단어로 답변한 것을 살펴보겠다.

경외

'여호와를 경외하라'는 것이 무엇인가? 오늘날처럼 하나님을 편안하게 내 필요를 채워주는 친구 같은 분으로 생각하는 기독교 신앙에서 이것은 매우 시기적절한 요청이다.

하나님을 경외한다는 것은 하나님의 권능, 거룩함, 지혜, 은혜를 깊이 자각하고 경외함으로써 그분의 영광을 위해 사는 것 외에 다른 일을 생각하지 않는 것을 의미한다. **여호와를 경외한다는 것은 이와 같이 흠모하는 경외감이 내가 생각하고, 바라고, 말하고, 행하는 모든 것의 유일하면서도 확실한 동기라는 의미다.**

그리스도 중심의 삶을 산다는 것은 어떤 의미인가?

다른 어떤 것에 대한 두려움이 아닌 주님에 대한 두려움이 우리의 행동, 반응, 응답을 결정한다는 의미다. 이것이 큰 왕국 삶의 핵심이다. 자기 왕국은 사람에 대한 두려움, 어려움과 불편함에 대한 두려움, 실패에 대한 두려움, 내 방식으로 되지 않는 것에 대한 두려움 등 온갖 종류의 두려움에 끌려다닌다.

분명한 것은 하나님이 우리 마음의 두려움을 소유하지 않으시면, 우리 삶도 소유하지 않으신다는 것이다. 우리는 언제나 두려워하는 것을 피하며 산다. 우리 마음이 하나님을 향한 깊고 사랑 넘치는 경외감에 붙들려 있어서 다른 어떤 것보다 하나님의 기분을 상하게 하는 것을 가장 두려워하게 된다면, 우리는 새로운 방식으로 살게 될 것이다.

행함

그리스도를 중심으로 하는 하나님 나라의 삶은 마음의 태도일 뿐 아니라 삶의 방식에 관한 것이기도 하다.

하나님 중심으로 산다는 것은 우리에게 신비의 영역으로 남아있지 않다. 하나님은 우리가 매일의 삶에 적용할 수 있도록 그분의 말씀을 주셨다. 하나님 중심으로 이웃이 되고, 부모가 되고, 배우자가 되고, 친구, 동료, 그리고 시민으로 살아가는 것이 어떤 의미인지 혼란스러워할 필요가 없다. 우리의 소유물, 재산, 슬픔, 화, 기회, 책임감 등을 거룩하게 사용하는 것이 어떤 의미인지 초조해할 필요가 없다. 어떻게 생각해야 하는지, 욕구를 어떻게 통제해야 하는지, 소망을 어디에 두어야 하는지 고민할 필요가 없다.

하나님은 말씀 속에서 매일의 우리 삶을 향한 그분의 뜻을 명백하게 드러내셨다. 우리의 주된 일은 신비를 밝혀내는 것이 아니다. 그분이 이미 드러내신 뜻에 순종하는 것이다. 매일 아침 일어나서 그날 우리에게 일어날 일들에 대해 어떻게 반응해야 할지 찾아내야 하는 것이 아니다. 하나님 말씀 속에 나오는 명령, 지시, 원칙들이 우리가 어떻게 그분을 섬기며 살아야 하는지 다 알려준다.

사랑

큰 왕국과 작은 왕국의 근본적 차이는 우리 마음이 무엇을 사랑하느냐다. 예수님이 이 땅에서 사역하실 때, 하나님의 나라는 어떤 장소가 아니라고 하신 것을 기억하라. "여보, 내일 아침에 일어나서 하나님 나라를 방문해요."라고 말할 수 없다. 예수님은 "하나님의 나라는 너희 안에 있느니라."라고 말씀하셨다. 큰 왕국, 작은 왕국 모두 마음의 왕국이다. 큰 왕국은 하나님을 향한 깊은 감사와 사랑으로 가득하지만, 작은 왕국은 자신에 대한 사랑으로 가득하다.

나의 영적 상태가 다른 어떤 것보다 자신을 사랑한다고 드러낼 때, 내가 신경 쓰고, 걱정하고, 희생하고, 절제하고, 소망하고, 꿈꾸는 크기는 언제나 나 자신만의 삶의 크기로 축소될 것이다. 반면 **내가 다른 무엇보다 하나님을 사랑한다면, 나 자신만의 바람과 필요라는 경계를 넘어 광활한 하나님 나라로 끌어올려지게 된다. 그곳은 날마다 만물의 구원과 회복이 이루어지는 곳이다.** 그러므로 큰 왕국과 작은 왕국의 삶을 산다는 것은 누가, 혹은 무엇이 당신의 사랑을 차지하느냐의 문제다.

동료를 질투할 때 무엇이 당신의 사랑을 차지하고 있는가? 아내와 다툴 때 무엇이 당신의 사랑을 차지하고 있는가? 누군가의 인정을 받으려 할 때 무엇이 당신의 사랑을 차지하고 있는가? 계획이 실패하여 좌절할 때 무엇이 당신의 사랑을 차지하고 있는가? 컴퓨터나 TV 시청에 많은 시간을 보낼 때 무엇이 당신의 사랑을 차지하고 있는가? 내 필요를 포기할 때 무엇이 당신의 사랑을 차지하고 있는가? 누군가의 편을 들지 않고 중재자가 될 때 무엇이 당신의 사랑을 차지하고 있는가? 복수하고 싶은 마음을 누르고 자비를 행할 때 무엇이 당신의 사랑을 차지하고 있는가?

기억해야 할 것

이러한 그리스도 중심적인 삶의 모델에서 중요한 질문(하나님께서 내게 무엇을 요구하시는가?) 다음에 기억해야 할 중요한 것이 뒤따른다. 즉 **큰 왕국의 삶은 주님을 기억할 때 언제나 힘을 얻는다는 사실을 기억하는 것이다. 놀랍게도 우리 죄인들이 늘 잊어버리는 것이 바로 그분이다.**

우리의 생각은 그날 해야 할 일들, 직면한 어려움들, 주변 사람 등으로 꽉 차 있어서 우주를 향한 그분의 초월적인 목적으로 우리를 이끄신 영광의 주님을 의식하지 못한다. 아니면 걱정을 유발시키는 '만일 …면 어떡하지?'라는 생각과 걱정스러운 갈망들로 하루를 다 보내기도 한다.

진정한 하나님 나라의 삶은 왕을 기억하는 것에서 시작된다. 이것은 초자연적이고 신비로운 영적 활동이 아니다. 삶으로 드리는 예배다. 진행하는 프로젝트보다 하나님을 더 사랑하는 것이다. 내 일정보다 하나님의 영광을 더 신경 쓰는 것이다. 다음번 세일, 다음번 승진, 티끌 하나 없는 집, 친구들과 함께 하는 즐거운 식사보다 하나님의 은혜가 널리 퍼지고, 그분의 명성이 널리 알려지는 것을 더 신경 쓰는 것이다.

하루를 시작할 때 무엇이 마음의 눈을 채우고 있는지 자문해보라. 어떤 '보이지 않는 것'이 당신의 관심을 끌고 동기를 부여하는가? 하나님을 보고 있는가? 그분께 가까이 가고 있는가? 당신의 하루가 그분의 하루가 되기를 소망하는가? 당신 삶 속에 역사하고 계시는 하나님의 은혜와 능력과 주권이 깨달아지는가?

다시 신명기 10장으로 가보자. 14절은 "보라"로 시작한다(이 말에 해당되는 'Be hold'가 한국어 성경에서는 생략되었다-역주). 관심을 집중시키려 할 때 흔히 사용하는 단어다. 저자가 하나님에 대해 관심 갖기를 바라는 사항들은 다음과 같다.

1. 하늘과 땅의 모든 것이 그분께 속해 있다. 이 세상은 실제로 그분의 것이다. 세상이 마치 내 것인 양 살아서는 절대로 안 된다.
2. 당신의 현재 모습은 하나님의 은혜 때문이다(신 10:15, "여호와께서 오직 네 조상들을 기뻐하시고 그들을 사랑하사").
3. 하나님은 가장 위대한 통치자시다(신 10:17, "너희의 하나님 여호와는 신 가운데 신이시며 주 가운데 주시요 크고 능하시며 두려우신 하나님이시라").
4. 하나님은 정의와 사랑과 자비의 주시다(신 10:18-19, "고아와 과부를 위하여 정의를 행하시며 나그네를 사랑하여 그에게 떡과 옷을 주시나니 너희는 나그네를 사랑하라. 전에 너희도 애굽 땅에서 나그네 되었음이니라").

주님을 '바라보는' 삶이란 어떤 것인가? 그것은 우리가 가지고 있거나 만질 수 있거나 경험할 수 있는 모든 것을 우리 마음대로 사용하는 것이 아니라 주님이 사용하시도록 주님께 드려야 한다는 의미다. 자신에게 없는 것으로 인해 불평하며 살지 않고, 받을 자격이 없음에도 주신 모든 것에 깊이 감사하며 살아가는 것을 의미한다. 나의 힘이 아닌, 약속하신 모든 것을 이루시는 하나님의 능력에 의지하여 소망과 용기를 갖고 사는 것을 의미한다. 개인의 생존, 개인의 만족, 개인의 행복을 넘어 헌신하는 것을 의미한다. 좀 더 자세히 말하면 예수님처럼 공의와 정의와 사랑과 자비를 위해 헌신하는 것을 의미한다. 우리가 관심을 가지고 걱정하는 것이 우리 자신에 국한되지 않게 하는 것이다.

이와 같이 하나님을 기억하는 것이 예수님이 중심 되시는 큰 왕국의 삶을 사는 아주 중요한 핵심이다.

부르심

신명기 10장에서 중요한 질문하기와 기억하기 다음에는 마음의 자세를 향한 요청이 뒤따른다. 이것이 핵심 요점이다. 큰 왕국과 작은 왕국의 전쟁은 본질적으로 마음의 전쟁이라는 것을 기억해야 한다. 마음을 지배하는 두려움과 사랑이 당신 삶을 이끌어갈 것이다.

예수님이 행하신 일로 인해 우리가 받게 된 밝은 약속이 바로 새 마음이라는 사실에 힘이 나지 않는가? 예수님이 사셨다가 죽으셨고 다시 부활하셨기에 당신에게 마음을 변화시키는 은혜가 역사할 수 있다. 따라서 작은 왕국의 의도들을 버리라고 요청하는 이 말씀 구절은 당연히 삶을 바꾸는 마음 자세에 대한 요구가 된다.

당신 삶의 에너지와 의도는
어디에 초점이 맞춰져 있는가?

무엇 때문에
괴로운가?

11

하나님 안에서 탄식하라

만족 무언가를 흡족해하거나, 옳거나, 의지할 만하거나,
진실한 것으로 확신하며 받아들이는 상태

현실세계에서는
우리 모두가
불만족할 수밖에 없다

현관에 서서 스쿨버스를 기다리는 아이들을 보며 그녀는 문득 이런 생각이 들었다. 그녀는 원하던 걸 다 가지고 있었다.

3일 전 그녀와 브렌트는 아이들과 함께 해변에서 멋진 주말을 보내고 돌아왔다. 150년 된 그들의 농가 뒤편 정원에는 추수를 기다리는 채소들이 가득했다. 브렌트는 좋은 직업에 집 주변을 잘 돌보는 손재주도 있었고, 무엇보다 캣의 가장 좋은 친구였다. 그들이 사는 작은 마을은 1950년대 영화에나 나올 법한 곳이었지만, 몇 킬로미터만 가면 큰 도시가 있어서 원하는 것은 다 살 수 있었다.

캣은 어린 자녀를 둔 비슷한 나이의 친한 친구들도 있었다. 매주 화요일에 있는 자녀 동반 모임에도 즐겨 참여했다. 아이들은 마당에서 즐겁게 뛰어놀고, 그녀와 친구들은 즐거운 이야기를 나누며 시간을 보냈다. 그곳에 서서 조시, 에반, 캐시를 바라보니, 완벽한 가족 같았다.

도시에서 위치가 좋은 곳에 콘도를 소유한 덕에 그곳에서 나온 수익으로 그들이 꿈꾸던 농가를 살 수 있었을 뿐 아니라 실내 장식도 완벽하게 복구할 수 있었다. 흰 고리버들나무 가구로 둘러싸인 현관은 날씨가 좋으면 저녁 때 쉬기에 아주 좋았다.

그녀는 정원을 매우 사랑했는데, 도시에서는 실내에서 화초만 겨우 가꿀 수 있었다. 그러나 지금은 실제로 자신들이 기른 야채를 먹고 있다!

버스가 멀리 가버리자 캣은 생각에 빠져 고리버들나무 의자에 앉았다. 브렌트를 처음 만났던 밤이 생각났다. 우연히 서로 부딪쳐 음료를 쏟는 바람에 만나게 되었다. 그녀는 그날 밤 그의 유머감각에 반해서 그를 다시 만나는 것에 동의했다. 최근 마음 상하는 일이 있어서 관계가 조금 안 좋아지긴 했지만, 브렌트의 유머감각으로 다시 관계가 회복되었다.

캣과 브렌트의 관계가 완벽하지는 않았지만 캣은 친구들의 결혼생활이 안 좋다는 것을 알고 있었기에 그에 비하면 자신에게는 감사해야 할 것이 많다고 생각했다. 우스꽝스러운 캥거루 사각팬티를 입고 거울 앞에서 얼렁뚱땅 면도를 하고, 옷은 아무렇게나 집어던진 채 사무실로 향할 브렌트를 생각하니 미소가 지어졌다. 예상대로 넥타이를 비뚤게 맨 채 미지근한 커피를 손에 들고 늦어서 허둥대다 현관에 부딪히는 브렌트를 보니 웃음이 절로 났다. 얼른 브렌트에게 작별키스를 해주었다. 그가 자기에게 딱 맞는 일자리를 찾아서 진정한 성공을 만끽하는 것이 참 감사했다.

중보기도의 소명 때문에 캣은 자신들이 살기로 결심한 그 작은 마을의 교회를 다니기로 마음먹었다. 교회는 마을 광장에서 조금 떨어져 있었는

데, 마치 엽서에 나오는 것 같은 모습이었다. 비록 목사님의 설교가 최고는 아니었지만 매우 따뜻했고, 교회 위치도 그들이 다니기에 편리했다. 그녀는 유치부를 맡아서 방도 꾸미며 즐겁게 사역했다. 그곳은 매 주일 아기들과 젊은 엄마들의 소리로 가득했다.

캣과 브렌트는 이런 작은 교회에 한 번도 다녀본 적이 없었지만, 가족적인 분위기는 큰 도시 교회가 제공하던 프로그램과 행사의 공백을 채우고도 남았다. 그녀의 집 현관에서 교회 첨탑이 보였다. 아이들이 좀 더 컸다면 주일에 교회까지 걸어가는 마을 전통 행사에 참여했을 것이다.

그러다 갑자기 브렌트와 저녁 식사를 하고 연극을 보러 도시로 나가기 전에 해야 할 일이 많다는 것이 생각났다. 그녀는 찻잔을 들고 아이들이 학교에 일찍 가느라 어질러 놓은 방을 치우러 안으로 들어갔다. 해야 할 하루의 일과가 있었지만 캣은 자신의 삶이 참 복되다고 생각했다.

너무 쉬운 만족

캣이 자신의 삶에서 하나님이 행하신 선한 일들에 감사하는 것은 옳은 일이다. 하지만 하나님 나라의 삶이 무엇인지 생각할 때 그녀의 반응에는 무언가 문제가 있다.

하나님께서 캣이 현재 누리는 모든 것을 창조하신 것은 사실이다. 그것은 하나님의 은혜로운 손으로 창조되었고, 캣에게 직접 주신 선물이며, 하나하나가 다 선하다. 어떤 면에서 보면 캣이 그것을 누리는 것은 건강한 일이다. 하지만 이와 같이 목가적으로 보이는 장면 어딘가에 문제가 숨어 있다.

얼핏 보면 캣과 브렌트의 삶은 매우 경건해 보인다. 하나님의 명령을 대놓고 어기는 일도 없고, 부부관계도 꽤 건강하다. 교회 일에도 참여하고, 하나님의 일을 자녀들에게 가르치려고 노력도 한다. 끝없는 갈등 관계에 있는 것도 아니고, 부채도 많지 않다. 이웃들과도 다정한 관계를 맺고 있다.

그러나 이 장면에 무언가 크게 잘못된 부분이 있다. 겉으로 경건해 보이지만 사실은 경건하지 않다. **경건하지 않다는 것은 단순히 어떤 죄를 짓는 것이 아니다. 그것은 하나님 밖에서 만족을 찾으면서 끝없는 마음의 죄를 짓는 것이다.**

캣의 문제는 너무 만족하고 있다는 것이다. 불만과 불평에 대한 증거가 거의 없다. 게다가 그녀는 기독교인인데도, 그녀의 만족이 하나님의 나라와 관련이 있다는 증거가 거의 없다. 캣은 자신의 작은 왕국의 꿈이 거의 실현되었다는 것에 기뻐한다. 문제는 그녀가 아무것도 탄식하지 않는다는 것이다.

탄식할 시간

그리스도가 오셔서 마지막 왕국에 들어가시기까지 모든 기독교인의 기본 언어는 탄식이어야 한다고 제안하는 사람들이 있다. 사도 바울은 로마서 8장 22-25절에서 이렇게 말한다.

피조물이 다 이제까지 함께 탄식하며 함께 고통을 겪고 있는 것을 우리가 아느니라. 그뿐 아니라 또한 우리 곧 성령의 처음 익은 열매를 받은 우리까지도 속으로 탄식하여 양자 될 것 곧 우리 몸의 속량을 기다리느니라. 우리가 소망으로 구원을 얻었으매 보이는 소망이 소망이 아니니 보는 것을 누가 바라리요. 만일 우리가 보지 못하는 것을 바라면 참음으로 기다릴지니라.

이 구절의 논리에 주목하라. 약속되었지만 아직 받지 못한 것이 있기에 우리는 탄식해야 한다. 하나님의 나라가 완전히 임하지 않았기에 우리는 탄식해야 한다. 하나님의 아들이 피를 흘려 우리에게 주시고자 한 구원이 아직 모두에게 임하지 않았기에 우리는 탄식해야 한다. 물리적 세계의 일시적인 즐거움은 우리 마음에 늘 공허감을 남기며 온전히 만족시킬 수 없기에 우리는 탄식해야 한다. 죄가 행해졌고 지금도 행해지기에 일어나는 피해가 모든 상황과 여건 속에 보이므로 우리는 탄식해야 한다. 오직 주님 안에서 찾을 수 있고 오직 영원에서 성취될 수 있는 것을 물리적 세계에서 찾으려는 유혹에 늘 빠진다는 것을 알기에 우리는 탄식해야 한다.

현실세계에서는 탄식이 하나님 나라의 기본 언어가 되어야 한다. 이러한 이유들로 탄식할 때 우리는 옳게 가는 것이다. 이런 종류의 탄식은 작은 왕국의 욕망을 큰 왕국의 관심으로 바꾼 사람들에게서만 나타난다.

축소와 만족

캣의 문제는 그녀에게 감사가 넘친다는 것이 아니다. 문제는 그녀가 너무 쉽게 만족하고, 또 그렇게 함으로써 자기도 모르게 그녀의 삶을 자신만의 삶의 크기로 축소했다는 것이다.

그녀는 성경이 말하는 대로 열심히 살고 있는 것 같지만, 기독교인다운 삶의 내면을 보면 뭔가 중요한 것이 빠져 있다. 캣의 삶에는 구속을 바라는 탄식(로마서 8장에 묘사된 하나님의 자녀들이 하는 피맺힌 절규)이 철저히 빠져 있다. 그리고 좀 더 자세히 들여다보면, 캣의 만족은 주님과 아무런 관계가 없다. 그녀의 삶 내면의 만족은 주님과 아무 상관이 없다는 점, 이것이 경건하지 않은 것이다.

그렇다면 캣이 만족하는 것들을 한번 살펴보자.

물리적인 현실세계가 주는 일시적인 성취감

캣이 느끼는 성취감의 근원은 무엇인가? 그녀가 이 현실세계에서 꿈꾸었던 모든 것을 획득하고 경험할 수 있었다는 것이다.

그녀는 작은 마을에 그림 같은 별장을 갖고 있었다. 또 잘생기고 다정하며 열심히 일하는 남편도 있었다. 건강한 세 아이와 집 뒤에 정원도 있었다. 30분 거리에 큰 도시가 있어서 그녀가 원하는 모든 예술 문화 활동도 즐길 수 있었다. 친구들과 쉽게 어울릴 수 있는 재미있는 모임도 있었다. 빚은 이미 다 갚았고, 식료품 저장 창고에는 온갖 종류의 음식이 가득했다.

그러나 이런 것들은 그녀의 개인적인 성취감의 원천이 될 수 없다. 그녀의 겉치장된 믿음의 속을 들여다보면, 캣의 만족은 하나님이나 하나님이 원하시는 나라와 아무 관계가 없다. 모든 것은 캣이 원하는 것이고 그녀가 얻을 수 있다는 사실과 관계가 있다. 하나님이 은혜를 베푸셔서 그녀를 큰 왕국의 삶으로 초청하셨는데, 그 자리에 작은 왕국의 삶이 있다. 만일 브렌트에게 뭔가 일이 생겨서 직장을 잃거나, 집을 팔아야 하거나,

아이들 중 한 명이 아프다면, 캣의 기쁨과 행복은 즉시 사라질 것이다. 이런 것들 안에서 누리는 그녀의 만족은 하나님을 향한 것이 아니기 때문에 경건하지 않다.

캣의 삶을 객관적으로 바라본다면 그녀가 자기 자신보다 뭔가 더 큰 것을 위해 산다는 느낌을 조금도 받지 못할 것이다. 그녀는 자신이 갖지 못한 것을 기대감을 가지고 찾지 않는다. 하나님이 시작하신 것이 비극적이고, 불완전하게, 아직 완성되지 않았는데도 슬퍼하는 기색이 없다. 다가올 하나님 나라를 고통스럽게 고대하며 출산의 고통을 느끼지도 않는다. 캣은 지금 여기에서 그녀가 모을 수 있었던 물질적인 것들에 만족하고 있다. 바로 이것이 그녀의 문제다.

중도에 끝난 구속사역

한편으로 캣은 자신이 기독교인이고 기독교인 남자와 결혼한 것에 감사한다. 그녀는 자신이 믿게 된 것과 그녀의 삶을 이끌어주는 가르침에 감사한다. 그러나 여기서도 다시 한 번, 그녀는 너무 만족하고 있다.

캣의 삶에는 시험받고 고군분투하며 일하고 기도하는 가운데 성장하는 모습이 드러나지 않는다. 그 대신 하나님이 그녀 안에 시작하신 일이 너무나 불완전한데도 그것에 완전히 만족하는 모습이 드러난다. 캣은 영적 성장을 목표로 삼지 않는다. 물론 그녀는 교회와 성경 공부에 참석한다. 그리고 기독교인 남편에 대해 감사하지만, 하나님의 성품과 믿음에 가까이 이르고자 하는 열의는 거의 없다. 캣은 자신의 삶에서 구속사역이 중도에 끝났는데도 그것으로 만족한다.

결국 그녀는 세상과 다를 바가 없다. 다른 사람들처럼 그녀도 사람들이 몹시 무례한 것과 정치적 부패와 도심 내부의 문제에 대해 불평할 것이다. 때로는 아프리카에서 기아에 시달리는 아이들의 보고서와 최근에 일어난 폭풍의 피해를 보며 눈물을 흘릴 것이다.

그러나 하나님 나라의 시선으로 세상을 바라보지는 않는다. 캣은 자신의 삶에 꽤 만족하고 있기 때문에 세상을 위해 탄식하지 않는다. 그녀는 교통체증에 시달릴 일도 없고, 좋은 식료품점도 있고, 그녀가 사는 작은 마을의 시장은 멋지고 좋은 이웃이고, 재산도 충분해서 먹고살기 위해 고군분투할 필요도 없다.

캣은 작은 왕국의 시선으로 그녀의 세상을 바라보기 때문에 자신의 세상을 위해 울지 않는다. 그녀가 사는 세상은 하나님 나라와 너무나 거리가 멀지만 그녀의 작은 왕국의 관심은 다 채워줄 수 있기 때문에 문제가 되지 않는다. 즉 그녀는 로마서 8장의 큰 왕국의 탄식에 대해서는 거의 알지 못한다.

상호 만족을 주는 가벼운 공동체

당신이 캣의 삶을 비디오로 보았다면, 그녀가 다양한 관계에 참여하는 것을 볼 수 있을 것이다. 그들 중 아무도 건강하지 않거나 갈등이 있어 보이지 않는다. 꽤 의미 있는 관계들을 맺고 있는 것으로 보인다.

그러나 캣에게 관계는 목적을 이루는 수단이 아니라 목적이다. 그녀가 살면서 만나는 사람들은 하나님이 그들과 그녀에게 시작하신 선한 일을 지속하기 위해 사용하시는 도구라기보다 개인 행복의 원천이었다. 때문에 캣은 수많은 가벼운 관계를 맺으며 살아간다. 날씨, 조리법, 여가활동, 정치, 아이들에 대해 이야기를 나눈다. 너무 깊고 진지한 관계를 맺으면 그만큼 노력이 필요하다는 것을 알기에 사람들이 이 정도 경계를 지켜주는 것에 감사한다.

다시 말하지만 그녀의 문제는 자신이 맺는 관계에 불만이 없다는 것이다. 그녀는 너무 쉽게 만족한다. 그녀는 작은 왕국의 관계들을 얼기설기 많이 짜놓았다. 이러한 관계들은 캣을 향한 하나님의 뜻이나 이 땅을 향한 하나님의 계획과 아예 관계가 없거나 약간 있는 정도다. 그들은 서로 방해 받지 않는 낮은 수준에서 서로 행복한 삶을 추구하는 관계다.

캣은 초월적 영광에 대해 거의 모르는 것 같다. 초월적인 영광은 작은 왕국의 소망보다 하나님 나라의 목적에 이끌려 관계를 맺으려고 할 때 경험할 수 있다. 캣의 근시안적인 만족감은 자신이 맺고 있는 관계들을 바라보며 탄식하지 않는다는 사실에서 드러난다.

만약 관계 속에서 하나님이 계획하신 바를 이루고자 한다면, 하나님이 말씀하시는 좋은 관계와 자신이 맺고 있는 관계가 너무도 다르다는 사실을 알고 탄식하게 될 것이다. 하나님 나라의 관계를 추구하면, 자기 자신을 내려놓고 오직 하나님만이 주실 수 있는 도움을 간절히 구하게 된다. 당신도 캣처럼 재미와 가벼운 관계에 너무 쉽게 만족한다.

궁극적인 성취

어디에서 궁극적인 성취감과 만족과 충족을 누릴 수 있을까? 오직 하나님 안에서만 가능하다. **하나님을 위해 사는 것은 진정으로 성취감을 누리는 길이다.** 하지만 우리는 현실 세상의 일시적 즐거움에 만족하느라 **바빠서** 그분이 주시는 성취감을 발견하지 못한다.

하나님께 나아가기 전에 우리는 이미 충족되기 위해 원하는 것들을 결정해버렸다. 우리에게 하나님을 찾는 경향이 있음을 아시는 하나님은 약간의 현실적이고 관계적이고 상황적인 성취를 주실 것이다. 이런 것들로 우리를 만족시키기 위해서가 아니라 오히려 더 깊은 굶주림을 경험하여 이런 것들을 버리고 마침내 그분 안에서 만족을 발견하기를 원하시기 때문이다.

알다시피 하나님께서 그 모든 것을 창조하셨다. 그것들 자체로는 악하지 않다. 그 모든 것이 존재하는 것은 먼저는 하나님의 영광을 위해서이고, 두 번째는 우리의 즐거움을 위해서지만, 그것들이 우리 마음의 만족이 되어서는 절대 안 된다.

캣은 탄식하지 않았다. 지금 당장 주변에 있는 현실적이고 관계적이며 상황적인 것들에 만족하였기에 그녀의 삶은 자신만의 삶의 크기로 축소되었다.

작은 왕국의 삶은 피조세계의 만족과 불만족에 온전히 좌우된다. 끊임없이 자신에게 필요하다고 생각하거나 자신을 채워줄 거라고 생각하는 것을 추구한다.

하나님과 그분의 목적을 알고 섬기는 즐거움과 달리, 이 즐거움은 나쁜 열매를 추수하는 경향이 있다.

이 땅의 것들은 진정으로 우리를 만족시킬 수 없기 때문에 살이 찌게 하고, 건강을 상하게 하고, 중독되게 만드는 경향이 있다. 고통스럽게 하고, 아프게 하고, 실망시킨다. 또한 결핍을 느끼게 만들고, 분노하게 하고, 통제하려고 한다. 결과적으로 작은 왕국의 즐거움에 지배당하는 것은 몸과 영혼을 해치는 것이다.

이제 경건하지 않다는 것에 대해 재정의가 필요하다. 경건하지 못하다는 것은 일련의 규칙을 지키지 못한 것보다 훨씬 깊은 의미다. 경건하지 못하다는 것은 삶이 현재의 즐거움에 너무 집착한 나머지 우리 마음이 하나님의 경계 안에 머물지 못하는 것이다. 보고, 만지고, 맛보고, 듣고, 손에 잡을 수 있는 것에서 만족을 찾게 되면 마음과 행동으로 끝없이 죄를 짓게 된다.

하나님 나라의 삶을 산다는 것은 날마다 깊은 감사와 탄식의 긴장 관계 속에서 사는 것이다.

현실세계의 채워질 수 없는 약속들로부터 구원받아 점차적으로 자유로워지고 있음에 감사한다. 피조세계를 제자리에 두는 법을 배우기에 감사한다. 아름다운 꽃과 달콤한 향기와 잘 준비된 음식의 감칠맛에 대해서도 감사한다. 살면서 만나는 많은 사람과 일몰과 강들, 산과 동물들에 대해서도 감사한다. 그리고 이 모든 것이 각자의 방식으로 하나님의 영광을 드러내는 것에도 감사한다. 그러나 무엇보다도 하나님께서 이런 것들이 우리를 지배하지 못하게 하셨고, 우리 영혼의 만족을 얻기 위해서 이런 것들에 의지하지 말라고 가르쳐주심에 감사한다.

동시에 우리는 탄식한다. 이 세상이 상처를 입었기에 탄식한다. 어디를 보아도 상처투성이다. 하나님의 은혜로 다다를 수 있는 온전한 존재가 아직 아니기에 탄식한다. 하나님의 나라를 갈망하기에 탄식한다. 이 땅의 기쁨을 맛보았지만 그것이 우리를 만족시킬 수 없기에 탄식한다.

이 모든 것 때문에 하루도 빠짐없이 탄식하지 않을 수 없다. 탄식이 하나님 자녀들의 기본 언어라는 사도 바울의 말이 옳다. 당신의 삶이 닿는 모든 것을 하나님 나라의 크기로 확장하는 것이 바로 이 탄식이다.

정직하게 답하라.
당신은 무엇 때문에
탄식하는가?

왕과 함께
연주하는가?

12

하나님과 구원의 음악을 연주하라

조화로운 적절하고 딱 맞는. 다른 사람과 교류하며 함께 있는 것

하나님은 매 순간 그분과 조화를 이루며
상호 교류하는 삶으로
우리를 부르신다

그날 밤을 절대 잊지 못할 것이다. 난생 처음 재즈 공연을 들으러 테드 형과 함께 톨레도대학 야외 공연장에 갔다. 램지 루이스 트리오의 공연이었다. 그들은 당시 매우 유명한 재즈 그룹이었다. 나는 그날 밤 내가 경험하게 될 것에 전혀 준비되어 있지 않았다. 음악적으로, 그날 밤 내 인생이 바뀌었다!

공연은 모든 관객에게 익숙한 램지 루이스의 피아노곡으로 시작됐다. 사실 약간 실망스러웠다. 이전에 램지 루이스 트리오에 대해 들어본 적이 없는데다가 테드 형이 그들을 굉장히 치켜세웠기 때문이다. 티켓을 사는 데 돈도 상당히 많이 썼다. 램지 루이스의 친숙한 곡 첫 번째 소절이 연주되는 내내 이런 생각이 들었다. '이게 뭐야! 이게 유명한 재즈란 말이야? 라디오 방송에서 흔히 들을 수 있는 곡이잖아!' 하지만 두 번째 소절로 넘어가면서 놀라운 일이 일어났다. 세 명의 멤버가 각기 다른 방향으로 움직이는 것 같았다. 여전히 같은 곡을 연주하고 있었지만 더 이상 그 노래로 들리지 않았다. 불협화음이거나 혼란스럽거나 조화되지 않은 것이 아니었다. 완벽하게 어우러졌다. 어떻게 된 일인지 각자 자신의 악기로 따로 연주하고 있었지만, 모든 것이 함께 어우러졌다. 그 소리는 매우 놀랍고 신선하며 창의적일 뿐 아니라 조화로웠다.

그들은 상대편의 소리를 막거나 제멋대로 연주하지 않았다. 통일된 주제로 최선을 다해 음악을 연주하고 있었다. 그들 각자가 열정을 쏟는 그 무언가가 그들의 연주가 개인적인 불협화음으로 퇴화하는 것을 막아주고 있었다. 보기에는 각자 연주하는 것 같았지만 사실은 그렇지 않았다. 그들은 혼신을 다해 합주했다. 혼신을 다해 각자의 악기를 다른 방식으로 연주하는 방법을 통해 그들의 음악은 섬세하면서도 예측불가능한 동시에 아름다울 수 있었다. 재즈는 규칙을 버리고 멋대로 연주하는 음악이 아니다. 위대한 재즈 연주를 만들어내는 것은 놀라울 정도로 예측불가능하고 창의적으로 연주하면서, 동시에 스스로 일련의 규칙을 따르는 것이다.

연주자 세 명 모두 나름대로 규정된 음악적 구조(일련의 규칙이라 할 수 있는)를 충실히 따르고 있었다. 비록 악보대로 연주하지는 않았지만, 곡의 틀(조표와 박자 등)을 벗어나지 않으면서 각자의 노력이 하나로 통일되고 신나게 표출되도록 연주했다. 자기들의 악기를 자기만의 방식으로 마음껏 (그 곡의 음악적 조건들 안에서) 자유롭게 연주했다.

그날 밤 형식과 자유의 교차점에 대해 생각이 넓어지는 경험을 했다. 그날의 연주는 내가 경험해본 가장 자유롭고, 가장 고무적이고, 가장 즉

홍적인 연주였다. 그것이 음악을 이루는 형식을 철저히 따르고 있었기 때문이다. 그날 밤에는 미처 몰랐지만 수십 년이 지나서 깨닫게 된 것은 내가 그날 톨레도대학 야외 공연장에서 경험한 것이 하나님 나라와 무척 깊은 연관이 있다는 것이었다.

음악 왕국

하나님은 최고의 음악가시다. 그분의 음악은 당신의 삶을 바꿔놓으신다. 구원의 음표들은 당신의 마음을 재배열하고, 당신의 삶을 회복시킨다. 용서, 은혜, 화해, 진리, 소망, 주권, 사랑을 노래하는 그분의 노래는 당신의 인간성을 되돌려주고, 당신의 정체성을 회복시킨다.

그러나 그분은 자신의 음악을 혼자 연주하지 않기로 하셨다. 우리 한 사람 한 사람을 그분의 위대한 구원 밴드의 연주자로 부르신다. 또한 희망, 믿음, 용서, 사랑이라는 음표를 연주하고 노래하도록 우리를 부르신다. 우리의 음악을 내려놓고 그분의 음악을 연주하도록 우리를 부르신다. 우리가 작곡하는 것을 그만두고 그분께 복종하기 시작하도록 부르신다. 그분과 조화를 이루며 그분의 음악을 연주하라고 우리를 부르신다. 그렇게 할 때 하나님 나라가 우리 삶에 임한다.

하나님은 우리가 작곡한 것을 칭찬하는 데 매진하지 않으신다. 그분은 우리가 스스로 만든 음악에 만족하도록 도울 방법을 찾지 않으신다. 그분은 우리가 음악적으로 충만해져서 찾게 될지 모를 새로운 것들로 흥분하시는 분이 아니다.

그분은 우리 각자가 연주하는 음악에 매우 치명적인 약점이 있음을 알고 계신다. 그것은 바로 우리 자신이 쓴 것이라는 점이다!

그 한 가지 이유 때문에 우리의 음악은 산산이 부서지고 도달해야 할 최고봉에 결코 도달하지 못한다. 우리의 음악은 그분의 틀을 벗어나서 연주된다. 그래서 우리의 음악은 해롭고, 치유하지 못하고, 나뉘게 하고, 화해시키지 못하고, 저주하고, 용서하지 않고, 심지어 작곡가인 평화의 왕자에 맞서 전쟁을 일으킨다.

그러나 하나님은 우리 손에 든 악기를 부수지 않으시고, 음악이 없는 곳으로 우리를 던지시지 않는다. 망상에 가까운 우리의 거창한 개인주의를 은혜로 용서하시고, 그분과 함께 연주하도록 우리를 초청하신다. 그리고 그분의 은혜로 우리가 전에는 결코 연주할 수 없었던 음악을 연주할 능력을 받게 된다. 지금 우리가 연주하는 음악은 전에 만들었던 것보다 더 아름답다. 마치 하나님의 창의성과 기술이 우리를 통해 연주되는 것처럼 아름답다.

하지만 구원의 밴드에 참여한 것을 기뻐하면서도 우리는 여전히 작곡가가 되었다는 망상에 빠져 있다. 전혀 가능할 것 같지 않았던 방법으로 다른 사람들과 연주를 하면서 구원의 음악이 갖는 영광을 맛보면서도 우리는 여전히 하나님이 주신 악기를 가지고 도망쳐 자율과 이기적인 욕망이라는 불협화음의 음표를 연주한다.

우리가 쓴 음표를 우리 마음대로 연주하고 있다. **우리의 귀가 속아 넘어가서 우리 음악이 그분의 음악보다 더 아름답다고 생각하는 때도 있다. 구원의 노래에 싫증을 내면서 우리가 쓴 음표들을 듣고자 갈망할 때도 있다.** 우리 악기를 들고 마음대로 요란하게 연주하면서 충만함을 느낄 때도 있다.

그래서 우리에게는 정기적으로 위대한 작곡가의 제지가 필요하다. 그분이 우리 연주를 잠시 멈추게 하여, 그간 우리가 연주한 음표들이 얼마나 아름다움과 조화로움이 결여되어 있는지 들을 수 있어야 한다. 그러면 그분은 다시 한 번 우리를 용서하시고 달콤한 구원의 음악을 연주하도록 우리를 초청하셔서 그분과 조화로운 음악을 연주하게 하신다.

재즈 왕국

앞에서 램지 루이스 트리오의 음악을 들은 경험이 하나님 나라와 깊은 연관이 있다고 말했다. 당신의 삶을 하나님 나라의 크기로 확장하는 것은 그날 밤 그 트리오가 솜씨 좋게 적용했던 것 같은 **형식과 자유**의 원칙들(form and freedom principles)과 깊은 관련이 있다. 이 두 왕국의 삶이 실제로 어떤 모습인지에 대해 우리가 오해하는 부분이 바로 이 원리들의 교차점이다.

모든 삶이 하나님 나라의 크기로 확장된다면 어떤 형태의 삶이 되어야 하는지 고민할 필요가 없다. 왜냐면 하나님께서 이미 당신에게 맞는 형태와 틀을 주셨기 때문이다. 그 형태는 바로 하나님의 말씀이다. 성경은 우리가 지금 이곳에서 사는 동안 하나님 나라를 살아내도록 한계를 제공한다. 우리가 하나님과 조화로운 음악을 만들려면 그분이 누구신지, 우리는 누구인지, 삶이 무엇인지 알아야 할 필요가 있음을 하나님께서 아신다.

우리는 또한 받은 사명을 어떻게 감당해야 하는지, 그 모든 것의 목적이 무엇인지 알아야 한다. 성경에 나오는 이야기들, 원칙들, 명제들, 명령들, 약속들은 다 하나님이 주신 것으로 우리가 삶으로 따라야 할 틀(형식)을 제공한다. 하나님이 계시해주신 틀에 복종할 때 우리는 마땅히 되어야 할 존재가 되고, 마땅히 경험해야 할 것을 경험하게 되고, 마땅히 즐겨야 할 것을 즐길 수 있다. 성경의 노래는 모든 작은 왕국 노래들(친구 관계, 가족, 교회, 공동체 안에서 우리가 연주하도록 해주신 노래들)을 위한 음악적 틀을 제공한다. 우리가 이 음악적 틀 안에서 연주할 때, 하나님의 나라가 지극히 영광스러운 조화를 이루며 그곳에 임한다.

우리는 그분의 형상대로 만들어졌고, 그래서 놀라운 은사를 가진 피조물이지만, 우리 스스로 음악적 형식을 쓰도록 창조되지 않았다. 하나님께서 그분의 말씀 안에서 우리를 위해 사랑으로 예비해주신 그 형식 안에서 우리의 솜씨를 사용하도록 부름받았다. 그날 밤 그 트리오처럼, 하나님의 계시의 틀 안에서 혼신을 다해 연주하는 것은 우리의 창의성을 망가뜨리지 않는다. 오히려 그렇게 할 때 우리의 창의성은 이전에는 상상할 수 없었을 정도로 고무될 수 있다.

우리의 소명은 작곡가이신 하나님과 조화를 이루는 음악을 만들기 위해 열심을 다하고, 규율을 따르고, 날마다 인내하며, 헌신하는 것이어야 한다. 왜냐면 하나님 나라의 삶은 하나님의 계시의 틀 안에서 사는 것이기 때문이다. 그렇게 할 때 우리의 생각, 바람, 말과 행동이 그분처럼 다른 사람을 돕고, 회복시키고, 화해시키고, 희망을 주는 능력을 갖게 된다. 하나님과 함께 연주할 때, 우리의 실제 행동과 말은 개인의 삶과 전체 공동체를 변화시키는 힘을 갖게 된다. 이 깨어진 세상에 절실히 필요한 회복의 역사를 이룰 수 있는 것은 오직 구원의 음악뿐이다. 모든 것을 새롭게 할 수 있는 것은 은혜의 선율뿐이다.

우리가 그분의 음악을 연주할 때 우리의 음표는 정의, 자비, 평화, 사랑, 희망이 된다. 또한 이 음표들은 가난한 자, 부유한 자, 젊은이와 노인, 남자와 여자, 그리고 소년과 소녀 모두를 아우른다. 특정 지역이나 특정 경제제도, 특정 민족, 특정 언어, 특정 역사적 사건에 국한되지 않는다. 구원의 음악은 모든 곳에 적용 가능하고 전 세계에 영향을 미친다. 구원의 음악을 연주할 때, 폐쇄공포를 일으킬 만큼 좁은 우리의 희망과 꿈의 한계를 넘어설 수 있다. 그분과 조화로운 음악을 연주할 때, 우리는 영원한 노래의 일부가 된다. 그 노래는 땅의 기초가 놓이기 전부터 쓰였고, 오랜 시간이 지나도 끊임없이 연주될 것이다! 하나님이 정하신 형식 안에서 연주할 때, 우리 삶은 자신의 삶이라는 경계를 초월하여 거대하고 중요한 것의 일부가 된다. 그렇게 할 때 우리는 자기만의 소리보다 더 위대한 영광을 위해 살게 되고 결국 우리의 인간성을 되찾게 된다.

불협화음이 내는 소음

조이는 일을 끝낸 후 집에 돌아가는 것을 몹시 싫어했다. 그와 엠마 사이의 악감정은 너무도 극심해서 숨이 멎을 정도였다. 집으로 가는 차 안에서 그는 신경이 곤두서는 느낌이 들어 더욱 강하게 핸들을 꽉 쥐었다. 뭔가 잘못한 일(말을 잘못했거나 뭔가를 잊어버렸을 것이다)이 있는 것 같은데 그 일로 또 다른 일이 터질 게 분명했다. 그와 엠마 사이가 매번 이렇지는 않았다. 서로 사랑했던 시절에는 상대방의 말을 포용했다. 그러나 결혼 후 처음 몇 달간 보인 표면적인 조화로움은 짧게 지나가버렸다. 조이와 엠마는 자신들도 모르는 사이에 자기들만의 음표를 그려 연주하고 있었다. 각자가 바라는 결혼생활을 꿈꿨다. 각자가 상대방에 대한 기대를 키워갔다. 그러다 자신들의 결혼생활이 꿈꾸던 것과 다르다는 것을 알게 되자 서로 실망하며 분노했다.

소소한 불협화음의 순간들로부터 어려움이 시작됐다. 그리고 짧은 불협화음의 순간이 점점 늘어나자, 그들의 관계는 멋지게 연주된 듀엣곡이 아닌 자동차 경적 소리에 가까운 관계가 되어버렸다. 두 사람은 각자의 방식을 고집하며 양보하기를 거절했다. 그들이 경험한 긴장은 그들이 자초한 것이었다. 그들이 싫어하던 불협화음도 그들이 만든 것이었다. 그들은 위대한 작곡가와 조화를 이루며 연주할 때만 온전히 경험할 수 있는 그런 음악을 연주할 수도 있었다. 조이와 엠마는 이런 식으로 살지 않아도 된다. 이런 불협화음 같은 관계를 위해 예비된 은혜가 있다. 조이와 엠마에게는 희망이 있다. 하지만 그것을 경험하기 위해, 그들은 반드시 자신의 음악을 기꺼이 포기해야 한다.

자신만의 음악을 쓰고 연주하려 할 때 나쁜 일이 생긴다. 자기중심적이고 자기를 기쁘게 하는 음표들은 결과적으로 분열과 불협화음을 만든다. 그 음표들은 영혼을 상하게 하고 마음을 아프게 한다. 희망을 파괴한다. 폭력과 절망으로 이끈다. 가정을 깨뜨리고 공동체를 무너뜨리고 엉망으로 만든다. 정의를 왜곡하고 정부를 부패하게 만든다. 그리스도의 몸을 약하게 하고 우리 모두를 절름발이로 만든다. 가족, 친구관계, 공동체 안에 있는 구성원들이 모두 자신만의 음악을 쓰거나 자기 음표를 연주하려 할 때, 그곳은 상처, 분열, 편협, 분노, 비난, 낙심, 두려움의 장소가 될 것이다. 우리가 이렇게 할 때, 하나님께서 치유 공동체가 되도록 계획하셨던 모든 공동체(가정, 교회, 정부)는 병을 앓게 되고, 결국 그 누구에게도 치유를 제공할 수 없게 될 것이다. 우리가 자신만의 음악을 쓸 때 자신의 왕국이 임하여, 위대한 작곡가가 멋지게 쓴 달콤한 평화의 음악이 방해를 받게 된다.

그것은 재즈다!

하나님께서 우리에게 같이 연주하자고 요청하시는 하나님 나라의 조화로운 음악은 형식에 대한 것이면서 또한 자유에 대한 것이기도 하다. 자유에 대해 한번 생각해보자. 말씀 안에 드러난 하나님의 계시는 낱장 악보와 다르다. 즉 우리는 그저 연주만 하면 되는 것처럼 하나님께서 우리가 연주할 악보에 모든 음표를 달아주시는 것이 아니다. 성경은 당신이 처할 수 있는 모든 구체적인 상황과 관계를 다 말해주지 않는다. 하나님은 당신이 할 말을 미리 정해놓거나 미리 결정을 내려놓지 않으신다. 이에 대해 누군가 이렇게 생각할 수 있다. '그럼 하나님이 말씀 안에서 우리에게 무엇을 주셨지?' 성경말씀 안에서 우리가 받은 것은 조표와 박자표다. 하나님께서 정하신 이 규칙만 지킨다면, 우리는 그분과 함께 마음껏 즉흥 연주를 할 수 있다.

성경이 보여주는 위대한 역사적 순간들, 위대한 이야기 주제들, 교훈적인 지혜, 위대한 원칙과 명령들을 낱장 악보로 축소시킬 수 없다. 그것은 그런 식으로 기능하지 않는다. 예를 들어 하나님이 엄마와 아빠들에게 자녀양육과 관련하여 주신 직접적인 명령을 공책 양면에 열거할 수 있다고 생각해보자. 먹지 않으려는 어린 자녀에게 뭐라 말해야 하는지, 다투는 형제자매에게 뭐라 말해야 하는지, 자신에게만 몰두하는 십대 자녀를 그분의 시선으로 이끌기 위해 뭐라 말해야 하는지에 대해서는 직접적인 언급이 없다. 다만 각각의 상황에서 적용할 중요한 기준들이 들어 있다. 즉 당신은 그 틀 안에서 구원의 재즈를 연주하도록 위대한 작곡가로부터 초청을 받은 것이다. 그 틀 안에 머물 때 당신의 창의성은 구원의 능력을 발휘하게 되고, 그것은 장기적으로 그 개인에게 유익을 준다.

작곡가의 형식 안에서 즉흥 연주를 할 수 있는 자유에 대해 좀 더 할 이야기가 있다. 하나님 나라의 재즈 같은 삶의 방식은 공동체적 자유다. 재즈 음악가들이 조화로운 음악을 만들어내는 것은 그들이 합의된 음악적 구조 안에 머물기 때문만이 아니라 공동체로 함께 연주하기 때문이다. 훌륭한 재즈 음악가는 연주만 훌륭하게 하지 않는다. 그들은 듣는 것도 매우 잘한다. 그들의 재즈는 언제나 주변과 상호 교류한다. **하나님은 우리에게 낱장 악보를 주지 않으셨다. 하나님은 구조를 만드셨고, 우리는 그 구조 안에서 서로의 연주와 하나님의 연주를 주의 깊게 들으며 마음껏 즉흥 연주를 할 수 있다.** 이 순간 하나님께서 우리의 형제자매들 안에서, 그리고 그들을 통해 무엇을 행하시는가? 하나님이 의도하신 것, 그리고 다른 사람들의 필요와 어떻게 조화를 이루며 연주할 수 있을까? 이것이 하나님 나라의 공동체적 자유가 하는 질문들이다.

목적을 가진 재즈

이제 이렇게 질문할 수 있을 것이다. '궁극적 지혜의 원천이신 하나님께서 왜 우리에게 닥칠 수 있는 모든 상황과 모든 관계에 적용할 수 있는 완벽한 낱장 악보를 주시지 않는 걸까? 그분은 매 순간 우리에게 일어날 일을 알고 계신다. 현상적으로 볼 때 완벽한 악보를 주시는 게 더 쉽지 않을까?' 잠시 이 질문에 대해 생각해보자. 완벽하게 예측 가능하다는 이런 생각이 왜 우리에게 매력적으로 보이는 것일까? 우리의 죄악된 마음이 진정으로 바라는 것이 편안하고, 쉽고, 성공적이고, 통제할 수 있는 것이기 때문 아닐까? 이런 욕망이 그 자체로 나쁜 것은 아니다. 문제는 이러한 욕망들이 우리가 진정으로 추구하고 즐거워해야 할 한 가지와 경쟁을 하려는 경향이 있다는 것이다. 하나님과 함께 칭의적이고 조화롭게 음악을 만든다는 것은 위험한 의존이지만, 그렇게 할 때만 우리는 진정으로 온전한 인간이 될 것이다.

하나님이 그분의 말씀과 그분의 왕국을 설계하신 방식은 우리가 매 순간 그분을 의지하도록 이끄시는 것이다. 우리를 위해, 또 우리에게 하나님이 원하시는 것은 일련의 기준에 철저히 순종하는 것 그 이상이다. 즉 그분이 원하시는 것은 바로 우리다! 그분은 우리 마음의 보물이 되고 우리 영혼의 기쁨이 되기를 원하신다. 삼위일체 안에서 누리는 공동체성을 우리와도 누리기 원하신다. 그분은 우리와 관계 맺기를 원하신다! 그래서 우리에게 딱 필요한 것만 주신다. 조성과 박자표를 주신다. 그분과 함께 음악을 연주하게 될 삶의 모든 순간에 어떤 행동을 하고 어떤 말을 해야 하는지 정확히 말해주지 않으셨다. 그렇게 하신 것은 우리가 일생을 살며 즉흥 연주를 할 때 그분을 찾고, 그분께 기도하고, 그분께 의존하기를 원하시기 때문이다.

하나님은 우리가 자발적이고 창의적이기 원하신다. 매 순간 믿음과 은혜의 생생한 경험이 되기를 원하신다. 그분이 우리에게 주신 모든 은사를 우리가 온전히 사용하기를 원하신다. 우리의 압축포장된 작은 세상의 경계를 초월하기 원하신다. 우리가 경건하고, 무한하고, 영원한 것과 연결되기를 원하신다. 그분의 형상을 닮은 자가 되어야 할 온전한 인간이 되기를 원하신다. 무엇보다도 이 모든 것을 통해 우리와 그분이 친밀하고, 서로 반응하고, 의존하고, 즐거워하는 공동체가 되기를 원하신다. 그것이 바로 하나님께서 우리에게 낱장 악보를 주지 않으시고 재량껏 하도록 하신 이유다. 구원을 노래하는 즉흥 재즈와 같이 그분은 우리에게 정해지지 않은 자유로운 삶의 방식을 주셨다. 그러한 삶의 방식은 우리가 그분이 작곡하신 것과 그분이 현재 연주하고 계신 것에 집중할 때만 작동한다.

집이든, 친구관계든, 공동체든, 교회든, 일터든, 당신이 당신의 구원자와 함께 창의적으로 상호 교류하며 조화를 이루는 재즈를 연주할 때마다 (단 그분의 기준 안에 머물면서), 당신은 당신이 만지는 것을 하나님 나라의 크기로 확장하는 것이다.

당신 삶의 영역 중에서
하나님과 조화로운 음악을 만들기보다
자신만의 음악을 쓰고 싶은
유혹을 받는 곳은 어디인가?

기꺼이 용서를
구하겠는가?

13

하나님과 사람들에게 용서를 구하라

자백 범죄 혐의를 받은 사람이 죄를 인정하는 것

하나님 나라의 삶은
용서를 구하는 겸손과
그것을 허락하는 은혜에 관한 것이다

샘은 자기가 잘못했다는 것을 알았다. 자신이 한 말과 행동이 부적절했을 뿐 아니라 죄라는 것도 알았다. 여러 번 퇴근 시간보다 빨리 퇴근하면서 동료에게 근무기록 카드를 찍어달라고 부탁했다. 최근에 쌍둥이가 태어난 걸 아는 사람이라면 이해해줄 거라고 스스로 합리화했다. 또 자기만 그렇게 하는 것이 아니라는 것도 알고 있었다. 그러다 그 일들이 적발되고 말았다. 마음으로는 수없이 자신을 합리화했지만 현실적으로 자신의 행동을 변호할 길이 없었다.

어쩔 수 없이 인정해야 했지만, 그렇게 하기가 너무나 어려웠다. 사무실에 있는 다른 죄인들도 지적하고 싶었다. 또 자기가 지금 얼마나 어려운 상황에 있는지 상기시키고 싶었다. 원래는 괜찮은 사람이라는 걸 보여주고 싶었다.

하지만 그래봤자 배고픈 코끼리에게 땅콩 한 알을 주는 격이었다. 마음속의 공허함을 채울 수가 없었다. 그는 자신의 잘못을 고백하고 용서를 구해야 했다. 상사의 사무실로 걸어가면서도 그는 여전히 변명거리를 찾았고 다른 사람을 곤경에 빠트리고 싶었다. 그러나 그럴 수 없다는 걸 알고 있었다.

왜 잘못을 인정하는 일이 이토록 어려운 것일까? 용서를 구하는 일이 왜 이리도 어려울까? 우리는 자기 자신을 실제보다 더 의롭다고 생각하고 싶어 하기 때문이다. 그리고 자기 죄보다 다른 사람의 죄를 더 잘 보기 때문이다. 그러나 여기에 더 깊은 문제가 있다. 바로 우리가 하는 용서와의 싸움은 왕국의 싸움이라는 점이다.

내 뜻, 내 방법

왜 인간은 항의하는 걸 좋아하는지 궁금해한 적이 있는가?

어떤 문제의 항의자로 참여할 때, 당신은 적어도 그 문제에 대해서는 해당사항이 없다고 말할 수 있다. 그러면 그것이 당신의 문제가 아니기 때문에 다른 사람을 비난하게 된다. 누군가의 잘못으로 당신과 다른 사람이 영향을 받았다고 공공연하게 비난할 수 있다. 올바른 항의라고 생각하기 때문에 매우 적극적으로 스스로 도취되어 항변한다. 그래서 이렇게 말한다. "나는 잘못이 없는데, 당신이 한 잘못 때문에 너무 화가 나!"

사람들을 두 가지 행사에 초대했다고 생각해보자. 하나는 무언가를 항의하는 행사고 다른 하나는 무언가를 고백하는 행사라면, 어떤 행사에 더 많은 사람이 모일 것 같은가?

용서를 구하기 어려운 까닭은 삶에 대해, 그리고 자신에 대해 말하는 것이기 때문이다.

삶에서 자신의 왕국을 발전시키는 것보다 더 중요한 것이 있음을 인정하지 않고는 용서를 구할 수 없다. 우리가 다른 존재의 영광을 위해 창조되었음을 알지 못하는 한 용서를 구할 수 없다. 자기 방식대로 행복해지는 것보다 더 중요한 것이 있음을 인정하지 않는 한 정직하고 겸손한 고백을 할 수 없다. 자신의 감정과 자신의 감정에 대해 어떻게 느끼는지보다 삶에 더 큰 것이 있음을 알지 못하는 한 우리의 잘못을 인정할 수 없다. 자기 왕국에 대한 견고한 충성심은 우리가 고백하는 것을 싫어하게 만들고 현실 세상에서 하나님 나라로 가는 길을 방해한다.

누군가에게 왜 고함을 칠까? 왜 원한을 품을까? 왜 다른 사람을 돕는 일에 갈등할까? 왜 그리도 인내하고 참기 어려울까? 왜 다른 사람의 성공을 축하하기 어려울까? 왜 다른 사람을 험담할까? 왜 내 것이 아닌 것을 갖고 싶어 할까? 왜 성(sex)이나 음식을 오용할까? 왜 다른 사람의 권력, 지위, 재산을 질투할까?

부모들이여, 태어날 때는 기적이라 여겼던 아이에게 왜 지금은 화를 내고 있는가? 아내들이여, 한때는 같이 있기만 해도 마음 설레던 그 사람이 음식 먹는 것을 보며 지금은 왜 그리 화를 내는가? 남편들이여, 한때는 일생을 함께하겠다고 기뻐했던 그 사람과 대화하면서 지금은 왜 그렇게 화를 내는가?

왜 자기 연민에 빠져 있는가? 왜 괴로움에 사로잡혀 있는가? 무엇 때문에 그만두고 싶어 하고 다음 날을 두려워하는가? 왜 냉소적이 되어 다른 사람으로부터 멀어지는가?

우리가 이렇게 하는 것은 자기만의 방식을 원하기 때문이다.

자신만의 왕국에 충성하려는 본능이 유전자 깊이 뿌리박혀 있어서, 우리는 자기중심적이고, 독선적이고, 비난하고, 참을성 없는 사람이 된다.

우리는 우리가 원하는 것을 알고 있다. 무엇이 우리를 행복하게 할지 알고 있다. 우리 인생에 대한 비전을 갖고 있다. 그런데 상대방이 끊임없이 우리 왕국의 계획과 목적을 방해한다.

삶의 큰 사건과 결정들을 말하는 것이 아니다. 이런 일은 자주 일어나지 않는다. 오히려 이런 개인적인 왕국, 개인적인 행복을 구하려는 싸움(내가 원하는 것을 방해하지 말라는 요구)은 모든 죄인이 경험하며 매일의 삶 속에서 굉장히 사소한 순간에 일어난다. 그래서 원할 때 화장실에 들어갈 수 없거나, 누군가 내 주차 공간을 차지했거나, 자신이 생각한 대로 인정을 받지 못할 때 몹시 화가 나는 것이다.

용서를 구하기 어려운 것은 왜 그토록 자주 용서를 구해야 하는지 그 이유를 인정해야 하기 때문이다.

우리는 은혜를 받아 성경을 알고, 사역도 경험해보고, 신학적인 통찰도 갖게 되지만, 여전히 자기 왕국의 이익을 추구하려는 일을 반복한다는 사실에 직면해야 하고, 바로 그것 때문에 용서를 구하기가 어렵다.

용서를 구한다는 것은 왜 이 땅에 태어났고, 왜 하나님의 은혜라는 놀라운 선물을 받았는지 잊고 있었음을 고백하는 것이다. 자신이 받은 모든 선물을 하나님 나라에 투자해야 한다는 것을 잊고 있었다고 인정하는 것이다.

용서의 왕국

　용서를 구하는 것은 또 다른 왕국을 볼 때 가능하다. 우리가 우리 자신을 위해 만들어지지 않았음을 인정하는 것이다. 자신을 위해 사는 것은 하나님과 그분의 왕국을 잊고 하나님의 뜻이라는 경계를 벗어나 방랑하는 것이다.

　또한 하나님과 사람들에게 용서를 구한다는 것은 큰 왕국이 말하는 엄청난 문제에 자기도 속해 있음을 인정하는 것이다. 하나님 나라의 최고의 제안은 용서다. 그래서 예수님은 제자들에게 하나님 나라를 선포하면서 회개의 메시지를 전하라고 하셨다.

　하나님은 그분의 왕국을 세우셔서 죄가 파괴한 모든 것을 온전히, 완벽하게 회복시키실 수 있다.

　하나님 나라 중심에는 가까이 다가갈 수 없는 왕이 사는 거대한 성이 있는 것이 아니다. 오히려 그곳에는 상처 입은 왕이 매달려 있는 피투성이 십자가가 있다. 그리고 그 왕은 우리 모습 그대로 우리를 반겨주신다. 그 왕은 우리에게 의를 요구하지 않으셨다. 그렇게 한다면 우리 중 누구도 그 왕국에 살 자격이 없기 때문이다. 대신 그분이 우리를 위해 의로워지셨고, 죄인인 우리가 당해야 할 죽음을 기꺼이 받아들여 우리가 용서받을 수 있게 해주셨다. 그 왕이 요구하는 것은 죄의 자백이고, 자백하는 순간 우리는 자신을 속박하던 것들로부터 해방되어 마음껏 다른 사람을 위해 살 수 있게 된다.

　하나님 나라로 초청받은 사람들은 용서의 삶으로 초청받았다. 이것은 하나님이 이 땅에서 행하시는 일을 자신이 본능적으로 날마다 방해하고 있음을 인정하는 삶이다. 개인적으로, 부부 관계에서, 부모로서, 친구들과의 관계에서, 일터에서, 교회에서, 이웃들에게 그렇게 했음을 인정하는 것이다.

이런 삶의 방식으로 살아가게 되면 예수님께서 사시고, 죽으시고, 부활하시며, 행하셨던 일이 자신에게 필요한 것임을 날마다 고백하는 것이 즐거워진다. 이런 삶의 방식은 십자가의 필요를 날마다, 어떤 방식으로든 체험하고 있음을 점점 더 인정하는 것이다.

그리고 이렇게 용서를 구하는 삶을 살게 되면 일상의 태도가 감사와 기쁨으로 채워지게 된다. 우리가 그분의 왕권에 도전하고 우리가 더 나은 왕이라고 생각했음에도 그분은 우리를 정죄하지도 거절하지도 않으셨다. 오히려 매우 기뻐하시며 용서의 팔로 우리를 감싸주셨고, 우리가 우리 자신을 위해 선택했던 것보다 훨씬 더 무한히 아름다운 것에 속하도록 우리를 초청해주셨다.

바로잡기

용서를 구할 때 일이 바로잡힌다. 자기 자신에 대하여 정확히 볼 수 있다는 사실은 그리스도의 은혜가 실제로 얼마나 강력한지 보여주는 살아 있는 증거다.

그리스도의 은혜는 보지 못하는 우리의 눈을 열어 보게 하는 능력이 있다. 그리스도의 은혜는 자기 뜻을 꽉 움켜쥔 우리의 손을 열어 더 나은 왕국을 붙들게 하는 능력이 있다. 또 예전에는 보려고도 하지 않았던 것을 즐거이 고백하도록 돕는 능력이 있다!

용서를 구할 때 모든 것을 바로잡을 수 있는 이유는 자신의 뜻을 내려놓고 그분을 찬양하게 되고, 자신의 의를 포기하고 그분 안에서 크게 기뻐하며, 자신의 왕국을 나와 그분의 왕국으로 들어가게 되기 때문이다.

용서는 전쟁이다

용서를 구하는 것은 전쟁이다. 그래서 용서를 구하는 것이 어렵다. 자기 의와 값없이 얻은 은혜 사이의 전쟁이다. 자기 왕국의 규칙과 왕의 명령 사이의 전쟁이다. 대접 받으려는 욕망과 자유롭게 사랑하고 기꺼이 섬기라는 부르심 사이의 전쟁이다. 자기 자신의 보잘것없는 영광에 붙들려 살 것인지, 하나님의 영광에 사로잡혀 살 것인지 사이의 전쟁이다.

이 전쟁은 우리의 마음밭에서 매일 벌어진다. 그러나 우리 혼자 싸우는 것이 아니다. 그분은 더 나은 왕국으로 우리를 환영하시며, 우리를 대신하여 마지막 원수를 그 발아래에 둘 때까지 싸우시는, 전쟁에 능하신 왕이다. 이것은 비록 우리가 큰 왕국을 잊어버리고 다시 자신의 왕국으로 퇴보할지라도 여전히 우리에게 희망이 있다는 의미다. 우리가 비록 그분께 속한 영광을 그분께 드리기보다 15초짜리 자신의 영광을 위해 싸울지라도 희망이 있다. 관계를 회복하는 것보다 논쟁에서 이기는 것을 더 원할지라도 희망이 있다. 속히 용서하는 것보다 복수를 꿈꿀지라도 희망이 있다. 자신의 죄는 잊어버리고 다른 사람의 죄에 집중할지라도 희망이 있다. 우리 영혼을 위해 우리 혼자 싸우는 것이 아니기 때문에 우리에게 희망이 있다. 왕이신 하나님께서 우리를 위해 싸우시고, 매시간 우리가 용서를 구할 때마다 우리를 대신해 모든 전쟁에서 승리하신다.

알다시피 이것은 (현재 벌어지고 있는) 최고의 전쟁이다. 이것은 (현재) 우리가 경험하는 모든 갈등의 배후에 있는 갈등이다. 이것은 하나님께서 수용하기를 거절하신 것이지만, (현재) 우리 모두 안에 있는 것이다.

그분의 왕국이 올 것이다. 그분의 뜻이 이루어질 것이다. 그분은 그저 멍하니 앉아 그분의 왕국 자녀들이 자기 왕국을 건설하는 데 온 힘을 기울이도록 내버려두지 않으실 것이다.

즉 그분은 우리 영혼의 자유를 위해 싸우신다. 그분은 우리 마음을 통치하시기 위해 싸우신다. 우리가 욕망을 벗어버리고 생각을 집중할 수 있도록 일하신다.

그렇게 하시면서 우리가 그분과 다른 사람을 사랑하는 것보다 실제로 우리 자신을 더 사랑하고 있음을 겸손히 고백하라고 요청하신다. 우리가 매 순간 얼마나 자신의 방식을 요구하는지 인정하도록 우리를 초청하신다. 우리의 분노, 탐욕, 시기, 복수심을 모조리 자백하도록 우리를 이끄신다. **그분의 왕국이 온전히 완전하게 임한다면, 그곳은 반항하는 시민들을 계속해서 바로잡아가는 용서의 왕국일 것이다.**

용서와 큰 왕국

용서를 구할 때마다 일을 바로잡는다.

용서를 구할 때마다 자신의 작은 왕국에서 나와 그분의 왕국으로 들어간다.

용서를 구할 때마다 성경이 당신과 주변의 모든 사람에 대해 하는 말이 정확하다고 말하게 된다.

용서를 구할 때마다 당신의 삶은 당신 것이 아니고 다른 분의 목적을 위해 창조되었다고 선포하게 된다.

용서를 구할 때마다 이기심은 당신의 가장 큰 죄며, 오직 은혜만이 희망이라고 말하게 된다.

용서를 구할 때마다 당신이 누구인지, 당신에게 정말로 필요한 것이 무엇인지 스스로에게 상기시키는 것이다.

용서를 구할 때마다 마음 편하게 반역하는 것을 거부하게 된다.

용서를 구할 때마다 삶에서 직면하는 가장 큰 문제는 바깥에 있는 것이 아니라 자기 안에 있음을 인식하게 된다.

용서를 구할 때마다 하나님의 나라가 임하고, 그분의 뜻이 하늘에서 이뤄진 것같이 땅에서도 이뤄지도록 기도하는 것이다.

용서를 구할 때마다 하나님의 나라를 다른 사람들이 볼 수 있게 하는 것이다.

용서를 구할 때마다 용서의 하나님을 경배하는 것이고, 다른 사람들도 그렇게 하도록 격려하는 것이다.

용서를 구할 때마다 당신의 시야가 정확해지고, 지성은 명료해지며, 마음은 제자리를 찾게 된다.

용서를 구할 때마다 용서가 그 일을 단번에 최종적으로 마치게 될 영원을 간절히 바라게 된다.

용서를 구할 때마다 하나님 나라에서 그간 좋은 것들을 많이 경험했지만, 아직 더 많은 것이 남아있다고 자신에게 말하는 것이다.

용서를 구하는 삶의 방식은 당신이 만지는 모든 것을 하나님 나라의 크기로 확장하는 것이다.

용서를 구하는
자유로운 삶의 방식에서
기쁨을 발견하는가?

당신은
탐욕스러운 몽상가인가?

14

예수님을 더욱 뜨겁게 사랑하라

로맨스 열렬한 감정적 수반, 누군가를 향한 열정, 혹은 집착

하나님 나라의 삶은
사랑하는 사람이 돌아오기를
기다리는 것과 같다

한국과 인도로 한 달간 여행할 계획이었다. 그곳에서 하게 될 많은 사역의 기회와 도전을 생각하니 흥분되었다. 그런 일을 하는 것이 특권처럼 느껴졌다.

공항에서 연인이자 평생의 친구인 루엘라와 길고 다정한 작별인사를 나누었다. 그녀는 약간 울먹였다. 긴 여행인데다, 오지로 가게 되면 연락도 자주 할 수 없었기 때문이다. 나는 수년간 준비해온 사람처럼 여행에 임할 준비가 되어 있었다. 공항의 중앙홀로 걸어 내려가면서 마지막으로 그녀를 한 번 더 보기 위해 계속 뒤를 돌아보았다. 절반쯤 와서 한 번 더 뒤돌아보았지만 사람들에 가려 루엘라가 보이지 않아 실망스러웠다. 그녀는 더 이상 보이지 않았다.

비행이 길어지자 빨리 도착해서 푹신한 침대에서 쉬고 싶었다. 첫날 밤 여행가방을 정리하다 늘 그렇듯 루엘라가 쪽지와 함께 숨겨놓은 초콜릿 한 조각을 발견했다. 내 여행이 좀 더 수월하도록 보내준 초콜릿 덕분에 나는 미소를 지으며 잠자리에 들었다. 그녀의 몸은 여전히 필라델피아에 있었지만 나를 위해 남겨둔 흔적 덕분에 함께 있는 것 같았다.

떨어져 있는 시간이 길어질수록 루엘라를 더 많이 생각하는 나 자신을 발견할 수 있었다. 그녀가 이곳에 함께 있다면 얼마나 좋을까 바라거나,

마치 그녀가 옆에 있는 것처럼 돌아서서 뭔가를 말하려다가 문득 그녀가 집에 있다는 사실에 놀라곤 했다.

여행이 중반을 지날 즈음에는 남은 날을 세고 있었다. 비행기를 타고 가서 그녀의 얼굴을 보는 몽상에 빠지기도 했다. 그녀를 처음 만난 날, 그녀의 손을 처음으로 잡던 날, 첫 키스 하던 날을 마음속에 그려보았다. 그녀와 탁자를 사이에 두고 앉아 여행 중에 있었던 일을 속속들이 이야기하는 모습을 생각했다. 마음으로 그녀의 미소를 떠올리며 그녀의 웃음소리를 들었다.

나는 함께 간 사람들에게 루엘라에 대해 말하기 시작했다. 의식하지 못한 채 대화 중에 그녀의 이야기를 하거나 그녀를 칭찬하곤 했다. 어느 순간 누군가 내게 이렇게 말했다. "정말로 그녀가 그립군요. 그렇죠?"

여행이 끝날 즈음에는 더욱 집중하기 어려웠다. 겸손히 의무를 다하긴 했지만, 마음은 그렇지 않았다. 비행기에 올라타서 집으로 가고 싶었다. 그날이 가까워질수록 더욱 외로워졌다. 정말로 루엘라가 있는 집으로 가고 싶었다.

무엇이 우리의 삶을 움직이는가?

하나님 나라에서는 무엇이 우리 삶을 움직이는가? 무엇이 우리를 움직이게 하고 의무를 다하게 하는가? 자신의 작은 왕국으로부터 우리를 즉각 떼어놓는 단 하나의 필수 불가결한 요소는 무엇인가?

이 질문들에 한 단어로 대답할 수 있다. 바로 '로맨스'(romance)다. 누군가 이렇게 생각할지 모른다. '도대체 무슨 말을 하는 거예요? 내 삶의 크기를 하나님 나라의 크기로 확장하는 것이 로맨스와 무슨 상관이 있지요? 신학이나 사명에 대해 말한다면 이해하겠지만, 로맨스라고요? 무슨 말인지 모르겠군요.'

교회가 돌아가는 것을 보거나, 주님과 함께한 지난날의 삶을 돌아보거나, 성경과 성경이 말하는 그리스도인의 삶의 방식을 볼 때, 이 모든 것 배후에는 한 가지 중요한 것, 한 가지 근본적인 추구, 한 가지 확고한 마음이 있어야 한다는 생각을 더욱 확신하게 된다. 만약 이것이 없다면 그 어떤 것도 큰 왕국의 삶이라고 할 수 없을 것이다. 이것은 일관된 성경적 신학에 흔들림 없이 헌신하는 것이 아니다. 삶의 모든 것을 바라보는 기준이 되는 포괄적인 기독교 세계관과 인생관을 세우는 것도 아니다. 그리스도의 몸으로서 열심히 교제에 참여하는 것도 아니다. 열심히 사역하고 섬기는 삶도 아니다. 매일 부지런히 경건을 연습하고 공부하고 예배하는 것도 아니다. 이 중요한 한 가지는 어떤 추구나 습관이나 의무가 아니라 마음의 열정이다.

왕께서 우리에게 행하라고 요구하신 모든 선한 것 뒤에는 우리에게 동기를 부여하고 방향을 제시해줄 한 가지가 있는데 바로 이 중심적이고 지속적인 로맨스다. 이 로맨스는 우리 삶의 단 하나의 거룩한 로맨스가 되어야 하며, 우리는 이 로맨스를 위해 창조되었고 구원받았다. 이 로맨스는 우리를 향한 그리스도의 위대하고 우주적인 사랑이고, 그 사랑에 반응하는 우리의 사랑이다.

왕국의 중심에는 왕이 있다. 그렇기 때문에 왕국 삶의 핵심은 그 왕을 향한 깊고 지속적이며 생명을 다하는 사랑이다. 이 하나의 중심적인 사랑이 우리가 추구해야 할 모든 것의 연료가 되어, 자기 왕국의 좁은 방을 벗어나 하나님 나라의 넓은 하늘을 마음껏 누리며 살게 된다.

간단히 말해 우리는 그리스도와 열정적인 사랑에 빠지도록 되어 있다. 그분이 우리 생각을 차지하시고 우리 마음을 채우셔야 한다. 그분만이 우리를 들뜨게 하고 기쁨을 주셔야 한다. 그분이 우리가 살아가는 유일한 기쁨이 되셔야 한다. 이 단 하나의 중요한 사랑에 마음이 완전히 사로잡힐 때, 당신의 삶은 하나님 나라의 크기로 확장될 것이다.

큰 왕국 삶의 핵심은 물질을 추구하는 것이 아니라 사람을 추구하는 데 있다. 우리 마음의 눈이 그리스도께 집중하는 것이다. 영혼이 감사로 가득 차고 사랑이 넘쳐흐르는 것이다. 그분이 우리에게 사랑을 주셨고 우리의 부족한 사랑을 받아주심에 감격하여 살아가는 것이다. 언젠가는 더 이상 헤어지지 않을 것이고, 언젠가는 나와 그분이 연합하고, 그분 안에서 영원히 살 것이라는 희망으로 사는 것이다.

또한 큰 왕국의 삶은 그분의 공급하심, 그분과의 교제, 훌륭한 가르침, 내 힘을 쏟을 만한 가치 있는 명분에 감사하는 것으로 그치지 않는다. 오히려 큰 왕국 삶의 핵심은 그분으로 인해 감사하는 것이다. 즉 그분의 임재, 그분의 용서, 그분의 인내, 그분의 자비, 그분의 관대함, 그분의 지혜, 그분의 긍휼, 그분의 사귐, 그분의 친절, 그분의 사랑에 감사하는 것이다.

또한 큰 왕국의 삶은 믿을 수 없을 정도로 축복을 받았다는 느낌을 갖는 것이며, 단지 물질적인 것과 유익한 환경과 우리 삶에 자리한 많은 사람들 때문이 아니라 그분 자체로 인해 축복을 받았다는 느낌을 받는 것이다.

그분이 우리를 사랑하시다니 믿을 수 없다! 왕 중의 왕이시며, 창조자 되시고, 구원자 되시며, 온 우주의 통치자 되시는 그분이 내 친구가 되려 하신다니 믿을 수 없다! 이 사랑의 관계를 맺기 위해 그분이 얼마나 희생하셨는지 생각할 때마다 감사가 넘친다. 이 사랑이 있어야 하나님 나라와 영광을 위해 살 수 있다. 이 사랑으로 동기 부여가 되고 방향을 찾게 된다. 당신의 마음이 이 사랑에 사로잡혀 있지 않다면, 겉으로 보기에 아무리 기독교 신앙을 추구하는 것 같아 보여도 사실은 자신의 작은 왕국의 삶을 사는 것이다.

사랑할 시간이 없다

우리는 너무 유혹에 약하다. 너무 변덕스럽다. 믿을 수 없을 정도로 너무 바쁘다. 정신없이 빠른 속도로 살아간다. 너무나 다양한 방법으로 하루 일과를 채우고, 심지어 삶 전체를 채운다.

너무 바쁘고, 너무 분주하고, 그날그날 짜인 많은 일과 앞으로 해야 할 많은 계획들로 너무 마음이 산만해서 이 중요한 사랑을 위해 시간을 낼 수 없다는 게 말이 될까?

그리스도와 사랑의 관계를 맺도록 초청을 받았는데(이 관계는 우리 스스로 절대 요구할 수도 없고 요구할 자격도 되지 않는 관계다) 다른 일에 너무 열심을 내느라 제대로 누리지 못한다는 게 가능할까?

관계에는 헌신이 필요하다. 관계에는 시간이 요구된다. 관계에는 인내도 필요하다. 관계에는 희생도 필요하다. 본질상 성경적 믿음은 특정 이념에 대한 헌신이 아니다. 받을 자격이 없는 관계로 받아들여지는 것이다. 즉 그리스도께서 우리를 소중한 존재로 여기시는 것이고, 우리 삶에서 그 어떤 것이나 그 어떤 사람보다 그분을 더 사랑하라고 요청하시는 것이다.

한 남자가 여자에게 사랑을 고백하면서, 그녀가 그의 인생에서 그 어떤 것보다 소중하다고 말하면서 서로 영적으로 교감하고 사랑할 시간을 거의 내지 못하는 것이 말이 되는가? 우리도 스스로 그리스도인이라 자처하고 주님을 가장 사랑한다고 말하면서 정작 그리스도를 위해 쓸 시간이 없다고 말한다!

우리가 하는 일들 안에서 너무나 쉽게 만족을 찾는 바람에 예수님 안에서 만족을 찾을 힘과 시간이 없다. 문제는 우리가 추구하는 것들 중에 그 자체로 해로운 것은 거의 없다는 것이다. 그것들을 추구하는 합당한 이유를 다 댈 수 있다.

그렇기 때문에 정신을 산만하게 하는 이런 것들이 우리에게 문제로 다가오지 않는다. 이것들 때문에 우리의 의미, 정체성, 목적, 소망의 가장 확실한 원천이 되어야 할 이 단 하나의 중요한 사랑을 구하지 못하는데도, 그것들은 논리적으로 타당성 있게 우리의 일정을 차지하고 있다.

우리 일정은 다음과 같은 것들로 가득 차 있다.

운동,

저녁 수업,

음악 레슨,

극장,

쇼핑,

휴가,

부업,

집 꾸미기,

골프,

어린이 야구 리그,

콘서트,

레스토랑,

리모델링,

정치,

TV,

미용실 예약,

아이팟,

박물관,

병원 예약,

예산 관리,

비디오,

놀이공원,

개랑 산책하기,

컨퍼런스,

독서,

요리교실,

기타 등등….

일요일에는 그리스도를 향한 사랑을 노래하지만 월요일에는 이 단 하나의 중요한 사랑을 위해 시간을 내지 못하는 것이 타당한가?

우리 시간을 너무 많은 것들로 채우고 있는 것은 아닐까?

너무 바쁜 일정으로 인해 실망스러워하는 게 아니라 오히려 마음을 다해 그렇게 시간을 관리하는 것 아닌가?

하루 일정을 보면 무엇을 중요하게 생각하는지, 무엇을 기뻐하는지 드러나지 않겠는가?

하나님 나라 중심에는 그리스도와 맺는 사랑의 관계가 있다. 예수님과 맺는 사랑의 관계가 당신의 모든 행동, 모든 생각, 모든 바람, 모든 결정, 모든 말을 인도하고 형성한다.

예수님 그분이 왕국 자체시다! 예수님의 왕국은 무엇보다도 사랑의 왕국이다! 그분이 그 왕국으로 우리를 부르시는 것은 영원한 사랑의 관계를 맺자고 초대하시는 것이다.

내 말이 터무니없고 미신적으로 들리는가?

너무 천상의 것이라 당신의 삶과 실제로 연결되지 않아 보이는가?

그렇다면 사람들이 경험하는 사랑의 강렬한 감정과 마법 같은 순간들을 떠올려보라. 실제로 건강한 사랑의 관계는 지극히 평범하고 현실적이다. 현실적으로 시간, 돈, 애정, 감정, 힘을 기울여야 한다. 잘 듣고 명확하게 말해야 한다. 참을성 있고, 너그러우며, 관대하고, 겸손해야 한다. 상대에게 도움이 필요할 때 잘 도울 수 있어야 한다. 전화, 편지, 이메일, 문자 보낼 시간을 내야 한다. 그리고 이 모든 것을 위해 무엇을 포기할지 결정해야 한다.

건강한 관계는 서너 번의 중요한 순간에 좌우되는 것이 아니라 사랑을 표현하는 무수히 많은 작은 순간에 달려있다. 그리스도와 우리의 관계도 마찬가지다. 이 위대한 사랑은 무수히 작은 선택과 행동 안에 드러난다. 우리를 향한 그리스도의 사랑에 우리가 진지하다면 그것이 삶으로 드러나게 되어 있다.

변덕스러운 마음

우리 삶을 자세히 들여다보면 할 일이 많은 것이 문제가 아니라는 것이 명확해진다.

하나님은 하루 24시간, 7일 동안 우리가 할 수 있는 것보다 더 많은 것을 요구하시는 분이 아니다. **문제는 너무나 쉽게 이 중요한 사랑에서 멀어져 다른 것을 사랑하는 우리의 변덕스러운 마음이다.**

성경은 이것을 "세상에 대한 사랑"이라고 부른다. 그리고 "만일 우리가 세상을 사랑하면, 아버지의 사랑이 그 안에 있지 않다"고 말한다(요일 2:15-17 참조).

야고보 사도는 우리가 서로 싸우는 것은 우리가 영적 간음자들이고 우리 옆에 있는 사람이 우리가 사랑하는 것을 방해하기 때문이라고 말한다(약 4:1-4 참조).

세상은 우리 눈에 너무나 매력적이고 우리 마음을 쉽게 현혹한다. 피조세계가 창조주보다 더 실제적으로 보일 수 있다. 세상에서 우리가 보고, 듣고, 만지고, 맛보는 것이 눈에 보이지도 않고 들리지도 않는 하나님의 목적, 약속, 존재, 공급하심보다 더욱 생생해 보일 수 있다.

이것은 당신이 한 번도 이기지 못한 전쟁이다. 그리고 당신이 매일 겪어야 하는 전쟁이다. **분명한 것은 이 세상에서 우리는 수많은 다른 사랑에 둘러싸여 있어서 우리 존재의 핵심이 되어야 할 이 위대한 사랑으로부터 멀어진다는 것이다.** 따라서 우리는 이러한 유혹에 대비해야 하고 영적 간음에 맞서 싸워야 한다. 이 일은 계속 해야 한다. 그러지 않으면 마음을 빼앗기게 된다.

사랑하는 사람을 기다리는 것

예수님에 대한 사랑이 당신 삶에서 가장 중요한 사랑이라면, 예수님이 당신의 마음을 소유하고 당신의 생각을 주관하신다면, 예수님을 알고 그분을 기쁘시게 하는 것이 삶의 가장 중요한 목적이라면 당신은 외로운 삶을 살게 될 것이다. 그래서 하나님께서 당신의 삶에 넣어주신 모든 멋진 동료 사랑꾼들로 인해 감사하게 될 것이다. 당신이 축복으로 경험하게 될 인간적인 이해와 인내, 관대함, 동정의 모든 순간에 감사하게 될 것이다. 그리스도의 몸 안에서 관계를 맺으며 기쁨을 발견하게 될 것이다. 그러나 당신 마음은 실제로 그분의 임재 안에서 영원히 살게 될 그날을 간절히 바랄 것이다.

큰 왕국에서 산다는 것은 사랑하는 사람이 집으로 돌아오길 기다리는 것과 같다. 이 땅에서 사랑하는 사람과 헤어질 때, 우리는 다음과 같은 여러 가지 방법으로 외로움을 드러낸다.

- 그 사람을 생각하느라 가끔 집중하기가 어렵다.
- 다양한 방법으로 그 사람을 대화에 등장시킨다.
- 기회만 생기면 그 사람의 성품과 업적을 자랑한다.
- 향수와 간절한 기대 사이에서 왔다 갔다 하는 자신을 발견한다.
- 그 사람을 다시 만나면 뭐라 말할지, 자기의 사랑과 흥분과 기쁨이 가장 잘 표현될 때까지 말을 바꿔가며 연습을 한다.
- 경솔하게 이기적으로 상처를 주었던 순간들을 후회하며 다 없었던 일이었으면 하고 바란다.
- 날이 갈수록 그를 더 잘 사랑하겠다고 결심한다.
- 그는 떠나 있지만, 사랑은 변하지 않을 것이고 반드시 돌아오겠다는 그의 약속을 믿으며 위로를 얻는다.
- 그가 보낸 모든 편지를 읽고 또 읽으며, 모든 말의 의미를 분석하고 희망을 주는 구절은 다 외운다.
- 그의 친구들에게서 그의 흔적을 찾을 수 있기에 그의 친구들의 공동체를 찾는다.
- 그를 향한 공격을 개인적으로 감당하고 그 사람의 성품과 행동에 대해 누군가 가질 수 있는 오해를 명확히 바로잡으려고 노력한다.

왜 이 모든 일을 하는가? 사랑하는 사람 때문에 외롭기 때문이고, 그가 돌아오기를 기다리는 동안 다른 사람이나 다른 것으로 그의 자리를 대신

하여 마음의 고통을 완화시키기를 거부하기 때문이다.

그리스도인의 삶에는 깊은 영적 외로움의 고통이 드러나야 한다. 그리스도인의 삶은 영원을 끝없이 응시하고 다가올 놀라운 재회의 순간을 바라보는 것이어야 한다. 그래서 성경은 반복해서 기독교인의 삶을 기다림의 삶이라 기록하고 있다(롬 8:23-25; 갈 5:5; 살전 1:9-10; 히 9:28 참조).

우리의 문제는 만족하지 못하는 것이 아니라 너무 빨리 만족하는 것이다. 지금 외롭지 않다면 현재의 사랑이 우리 마음을 빼앗은 것이고 현재에 만족하고 있다는 의미다.

하나님 나라의 삶은 사랑하는 사람이 돌아오기를 기다리는 삶과 같아야 한다. 그를 기다리면서 사랑이 깊어지기 위해 할 수 있는 모든 일을 능동적으로 행하는 것이고, 다가올 재회를 위해 스스로 준비하는 것이다. 이 모든 일을 할 때 마음속에 고통이 있다. 그것은 바로 사랑하는 사람과 영원히 함께 있기를 정말로 원하기 때문에 생기는 고통이다.

그리스도를 향한 사랑과 경쟁하는
'다른 사랑의 대상'이 있는
삶의 영역은 어디인가?

당신의 진짜 보물은
무엇인가?

15

예수님 외의 모든 보물을 내려놓으라

보물 어떤 종류의 가치 있거나 소중한 소유물

예수님은 우리를 속박으로부터
자유케 하시려고
모든 것을 그분께 드리라고 요구하신다

우리가 매일 무언가를 위해 개인적 희생을 감수한다는 걸 아는가? 인정하기 어렵지만, 나와 루엘라는 리얼리티 TV쇼 '스타와 함께 춤을' (Dancing with the Stars)에 푹 빠져 있었다. 춤에 대한 경험이 약간 있거나 아예 없는 평범한 연예인들이 프로 댄서들과 짝을 이루어 사교춤 경연을 하는 프로그램이다. 이전에 춤에 대한 경험이 없는 연예인들이 시합에 나가기 위해서는 일상을 다 걸어야 한다. 즉 매주 새롭고 복잡한 춤을 배우고 익혀야 한다. 출연자들은 자기들이 배워야 할 춤의 목록과 단계별 복잡한 춤 동작을 보고 다들 당황한다. 그저 왈츠만 제대로 배우는 게 아니라 탱고, 퀵스텝, 파소 도블레, 폭스트롯, 삼바, 자이브, 룸바와 차차차까지 배워야 한다고 상상해보라!

이 춤들을 정확히 추면 우아하고 섬세하고 서정적으로 보이지만, 사실은 신체적으로 부담이 크고 힘든 동작들이다. 발이 찢기기도 하고, 발가락에서 피가 나기도 하고, 근육이 파열되기도 한다.

춤은 정신적으로도 부담이 크다. 반복되는 일련의 복잡한 단계를 외워야 하고, 몸의 자세도 정확하게 기억해야 한다. 머리, 목, 어깨, 팔, 손, 엉덩이, 발가락을 어떻게 하느냐에 따라 춤이 아름답게 보일 수도 있고, 긴장되어 보일 수도 있고, 우스꽝스럽게 보일 수도 있다.

춤에 대한 경험이 전혀 없는 상태에서 시작하지만 신속하게 대회를 준비하는 수준이 되려면 엄청난 수준의 헌신과 훈련과 개인적 희생이 필요하다. 이른 아침부터 늦은 밤까지 댄스 스튜디오에 있어야 한다는 의미다. 다른 모든 일정을 빼고 사회생활도 할 수 없다는 의미다.

또 이전에는 생각지도 못했던 한계 이상으로 몸을 밀어붙여야 한다는 의미다. 그리고 이미 복잡한 머리로 춤 동작까지 생각하고 이해하고 기억해야 한다는 의미다. 나름대로 열심히 했던 경연에 심사위원들이 비웃는다 해도 다음 주에 다시 그 과정을 시작하겠다는 의미다. 울고 싶고, 소리 지르고 싶고, 벽을 내리치고 싶은 감정이더라도 카메라 앞에서 웃어야 한다는 의미다.

매주 펼쳐지는 경쟁을 지켜보면서 그들의 희생이 놀라웠다. 온몸과 온 마음과 온 시간을 들여야 하는 경쟁이었다. 피곤하고, 화나고, 혼란스럽고, 고통스럽고, 당황스럽고, 지루해도 그만둘 수 없다. 게다가 춤을 하나 배우는 힘든 과정이 끝나면 곧바로 또 다른 춤을 배우는 과정을 시작해야 하기에 기뻐할 시간도 없었다.

왜 연예인들은 그토록 치열한 개인적, 정신적, 신체적 희생을 기꺼이 감수하려고 할까? 그 대답을 생각하다 나는 몹시 놀랐다. 그들이 이 모든 것을 감수하는 이유는 짧은 시간이나마 TV에 노출됨으로써 상당한 단기 이익을 얻을 수 있고, 또 그 프로그램에 출연했다는 특권을 자랑할 수 있고, 상당한 액수의 현금을 벌 수 있기 때문이다!

인간은 참 재미있는 존재다. 우리는 뭔가 하기로 마음을 정하면 그것을 얻기 위해서 기꺼이 놀라울 정도로 희생을 한다.

당신이 매일 얼마나 기꺼이 많은 개인적 희생을 하는지 아는가?

직장에서 하는 희생은 놀라울 정도다. 일터에 일찍 가서 늦게까지 일한다. 상사가 강요하기 때문이 아니라 임금 인상이나 승진을 위해서다.

다른 사람들의 인정과 존경, 감사, 그리고 사랑을 얻기 위해 우리가 하는 일을 보아도 놀랍다. 상대의 모든 변덕을 맞춰주고, 그들에게 우리의 일정도 맞춰주고, 그들을 기쁘게 하기 위해 시간과 돈과 에너지를 투자한다.

자기 집을 꾸미기 위해 하는 일을 봐도 놀랍다. 과도한 금액의 돈을 빌리고, 엄청난 시간을 투자하고, 또 부지런히 목수와 디자이너와 대화를 나눈다. 아직 다 수리가 끝나지 않은 집 귀퉁이에서 캠핑하듯 살면서 끊임없이 집에 투자한다. 무엇을 위해 그렇게 하는 것인가? 꿈꾸던 집에서 살 수 있다는 희망 때문이다.

더 다양한 예를 들어보자. 체중을 감량하고, 편안한 노후를 보장하고, 여유 있는 특별한 휴가를 즐기고, 더 어려 보이는 외모를 갖고, 유명한 식당에 한 번 더 가고, 학위를 취득하고, 건장한 체격을 갖고, 전문 요리사가 되고, 튼튼한 치아를 갖고, 명품 신발을 신고, 미술품을 소장하고, 최신 아이팟과 액세서리를 갖고, 몇 가지 신체적 욕구를 만족시키고, 아름다운 가구를 구비하고, 하나의 주제에 전문가가 되고, 언어를 습득하고, 특별한 차를 타고, 한 가지 운동을 탁월하게 하고, 오랫동안 보지 못한 친척과 친구를 방문하고, 낚시나 사냥을 하고, 선거에 참여하고, 콘서트를 관람하고, 사회적 불평등에 항거하고, 혹은 이 모든 것을 벗어나 단지 쉬기 위해 사람들이 희생하는 것을 생각해보라. 지금 당신은 무엇을 위해 희생하는가?

사람은 '희생하는 자'와 '희생하지 않는 자'로 구분할 수 없다. 우리 모두가 기꺼이 희생하고자 하는 대상을 마음에 갖고 있기 마련이다. 차이가 있다면 단지 무엇을 위해서, 누구를 위해서 개인적인 희생을 감수하느냐다.

희생의 왕국

하나님 나라에서 경험하게 되는 기쁨과 환대, 그리고 그것이 주는 생명과 은혜라는 선물을 생각할 때 하나님 나라는 분명 희생의 왕국이다.

이 왕국 역사의 중심에는 충격적이고 상상할 수도 없는 희생 사건이 있었다. 이 희생의 순간은 그곳에서 그 사건을 지켜본 추종자들을 혼란에 빠뜨렸고, 이후 신학자들의 관심을 끌었다. 이 사건은 왕국에서 일어난 가장 끔찍한 동시에 가장 아름다운 사건이다. 또한 그것은 완벽히 이해되는 희생이면서 동시에 전혀 이해되지 않는 희생이다. 그리고 그 희생이 그때부터 왕국의 운영 일정을 결정하고 있다.

예수님은 십자가에서 피를 흘리시고 몸이 상하심으로 하나님 나라의 생명과 소망을 주셨을 뿐 아니라 어떻게 살아야 하는지에 대한 삶의 양식도 주셨다. 역사를 바꾸어놓은 그 십자가의 죽음은 그분을 따르는 모든 자에게 삶을 바꾸라는 그리스도의 요청이 된다. 그리고 십자가에서 그랬듯이, 기꺼이 죽고자 하면 언제나 생명을 얻게 될 것이다. 이 왕국은 십자가의 왕국이고, 그 희생을 기념하는 모든 사람은 날마다 자기 십자가를 지고 따르도록 요청받는다.

금항아리

'무지개 끝에서 금항아리를 찾는다'는 속담처럼, 우리 모두는 자기 나름의 금항아리를 찾으며 살고 있다. 즉 **모든 개인적 희생의 이면에는 어떤 보물에 대한 탐구가 있다.** 이 원리는 그리스도의 죽음과 삶을 설명해줄 뿐 아니라 우리를 향한 그리스도의 요청도 설명해준다.

> 너희 중의 누가 망대를 세우고자 할진대 자기의 가진 것이 준공하기까지에 족할는지 먼저 앉아 그 비용을 계산하지 아니하겠느냐. 그렇게 아니하여 그 기초만 쌓고 능히 이루지 못하면 보는 자가 다 비웃어 이르되 이 사람이 공사를 시작하고 능히 이루지 못하였다 하리라. 또 어떤 임금이 다른 임금과 싸우러 갈 때에 먼저 앉아 일만 명으로써 저 이만 명을 거느리고 오는 자를 대적할 수 있을까 헤아리지 아니하겠느냐. 만일 못할 터이면 그가 아직 멀리 있을 때에 사신을 보내어 화친을 청할지니라. 이와 같이 너희 중의 누구든지 자기의 모든 소유를 버리지 아니하면 능히 내 제자가 되지 못하리라(눅 14:28-33).

이 구절을 읽을 때 그리스도께서 왜 모든 제자에게 모든 것을 희생하라고 하셨는지 자문해보아야 한다. 그분은 우리 소유의 일부를 요구하신 것이 아니다. 우리 소유의 대부분을 요구하신 것도 아니다. "네 것 중에서 가장 좋은 것을 원한다."라고 말씀하시지 않는다. 때가 되면 가장 소중한 것을 가져가겠다고 경고하시는 것도 아니다. 그분의 요구는 분명하다. "너희 중의 누구든지 자기의 모든 소유를 버리지 아니하면 능히 내 제자가 되지 못하리라"(눅 14:33).

왜 그분은 모든 것을 요구하시는 걸까?

예수님은 지금 예수님의 권위 있는 가르침과 기적을 보고 그분의 사역에 매료된 사람들에게만 말씀하시는 것이 아니라 많은 군중을 보며 말씀하신다. 예수님은 그들이 격렬한 내적 싸움을 싸우고 있음을 아신다. 자신을 둘러싼 사람들이 모두 무언가를 숭배하는 사람들임을 아신다. 즉 그들 개개인의 삶은 그들의 마음을 사로잡은 보물을 쫓는 것으로 형성된다는 의미다.

예수님은 그들이 구하는 보물이 그들의 결정과 행동과 말을 어떻게 형성하는지 알고 계신다. 그리고 그들이 소중히 여기는 것이 무엇이든, 그것을 얻고 지키고 즐기기 위해 믿을 수 없을 정도로 희생할 것을 알고 계신다.

따라서 예수님이 자신을 따르는 자들에게 모든 것을 희생하라고 요청하시는 것은 아무것도 없이 살아가라고 말씀하시는 것이 아니다. 오히려 그분을 제외한 모든 다른 보물을 내려놓으라고 다음과 같이 요청하시는 것이다. "너희가 내 제자가 되려면, 내가 너희의 보물이 되어 너희가 결정하고 말하고 행동하는 모든 것을 형성하고 방향을 제시할 수 있어야 한다."

그리스도는 우리 삶에서 황금 항아리를 찾아보라고 요청하고 계신다. 우리 마음 안에서 그분이 계셔야 할 자리를 넘보는 다른 것이 있는지 살펴보기를 원하신다. **예수님이 모든 것을 요구하신 것은 우리가 그분의 통치에 순종하도록 하기 위해서일 뿐 아니라 우리를 통치해서는 안 되는 것들로부터 우리를 자유하게 하시기 위해서다.**

이 어려운 요청은 은혜의 부르심이기도 하다. 예수님은 우리 모두가 우리 삶을 자신만의 삶의 크기로 줄이려는 경향이 있음을 아신다. 또한 영적인 것을 육적인 것으로 바꾸려는 경향이 있음도 아신다. 오직 창조주가 계셔야 할 자리에 어떤 식으로든 피조물을 놓는다는 것도 아니다. 진정한 믿음이란 본질상 신학적 지식이나 사역 활동에 대한 것이 아님을 아신다. 진정한 믿음은 우리 마음이 무엇을 보물로 여기느냐다. 예수님을 진정으로 따르는 자는 그분을 마음의 중심 보물로 붙들고, 그분을 구하기 위해 기꺼이 엄청난 개인적 희생을 감수하려 한다.

움켜쥔 삶

당신 삶에서 현재 주먹을 꽉 쥐고 움켜쥔 부분은 어디인가?

예를 들면 이런 상황이다. 누군가 어떤 사람에게서 뭔가를 빼앗으려 하자 그 사람이 그 소중한 물건을 빼앗기지 않으려고 손이 하얗게 되도록 물건을 움켜쥐고 있다. 익숙한 장면 아닌가? 당신이 꽉 쥐고 있는 것은 무엇인가? 어디서 주먹이 하얗게 되는가?

누군가에겐 직장일 수 있다. 직장이 당신이 생각하는 것보다 훨씬 더 당신의 정체성과 의미와 목적에 중요한 역할을 하고 있을 수 있다. 누군가에게는 자신의 행복과 복지를 직결시켜 놓은 특정한 관계일 수 있다. 아니면 업적이나 소유, 지위일 수도 있다. 당신의 삶을 살펴보라. 오직 주님만 계실 수 있는 자리를 넘보는 것들은 무엇인가?

희생하라는 그리스도의 요청에서 충격적인 것은 우리에게 죽으라고 말씀하시는 것이다. 육체적인 의미에서 죽는 것이 아니다. 우리에게 소중한 모든 것을 근본적으로 희생하라는 의미에서 죽으라고 하신다. 우리가 가장 소중히 여기는 관계도 우리 마음의 가장 중요한 보물이 될 수 없다는 의미로 그것에 대해 죽으라고 요청하신다. 자신만을 위한 삶의 계획에 대해서도 죽을 것을 요청하신다. 스스로 생각하기에 자신을 행복하게 해주고, 영원히 만족시킬 거라고 생각하는 모든 것에 대해 죽으라고 요청하신다. 주먹을 펴고, 우리의 결정을 좌우하고, 우리의 행동을 결정하고, 우리의 말을 선별하던 모든 다른 보물을 포기하라고 요청하신다.

그러지 않으면 그것들이 결국 우리를 장악하게 된다는 사실을 아시는 예수님은 그분을 따르는 동시에 우리가 이것들을 꽉 움켜쥘 수 없음 또한 아신다.

그리스도께서는 우리가 한때 원했던 것을 점점 필요한 것이라 확신하게 되었고 지금은 중독되어 버렸음을 인정하라고 요청하신다.

우리는 물건을 제대로 소유하지 못한다. 처음에는 느슨하게 쥐었던 것이 어느덧 우리를 통제하는 경험을 반복한다. 그래서 그분은 우리의 손을 펴고 그분께 모든 것을 맡기라고 요청하신다.

희생하라는 그분의 요청을 우리가 기뻐해야 하는 이유는 그것이 자유로의 초청이기 때문이다. 죽으라는 이 요청은 놀랍고 새로운 삶으로의 초청이다. 그리고 이 요청을 하신 분이 바로 큰 왕국의 중심 사건인 그 희생 사건에서 자신을 내어주셨던 분이다. 그분은 죽기까지 모든 것을 기꺼이 내려놓으셨다. 우리가 그분을 따라 살면서 우리를 통제할 수 있는 모든 다른 것들로부터 점점 더 자유하도록 하기 위해서였다.

저급한 보물들이 우리 마음을 통제할 때 생겨날 수밖에 없는 모든 분노, 근심, 짜증, 조급함, 질투, 두려움, 낙심, 집착, 복수, 고통, 폭력을 생각해보라. 직업이 삶의 목적이 될 때 우리의 삶이 얼마나 왜곡될지 생각해보라. 내 인생에서 사람이 핵심 가치가 될 때 일어난 나쁜 일들을 생각해보라. 특정한 지위나 소유를 추구하며 살 때 어떤 결과가 벌어질지 생각해보라.

왜 누군가에게 그토록 화가 날까? 왜 늘 조바심을 내며 살까? 왜 누군가를 질투할까? 왜 복수를 꿈꿀까? 왜 누군가에게 불친절하게 말하고 행동할까?

그 사람에게 결함이 있기 때문에 그러는 것이 아니다. 그 사람의 결함 때문에 우리가 소중히 여기는 것이 방해를 받기 때문이다. 따라서 우리가 꽉 움켜쥔 것이 있는 한, 우리는 늘 누군가와 갈등할 수밖에 없다.

우리가 합당하게 소유할 수 없고, 통제할 수도 없고, 또 신속히 사라져 버릴 것들을 과도하게 추구하는 것으로부터 자유하게 되는 것은 오직 그리스도가 우리의 마음을 소유할 때다. 큰 왕국은 희생의 왕국인 동시에 자유의 왕국이기 때문이다.

그 왕국이 영광스럽고 새로운 삶의 장소가 되려면, 그곳은 죽음의 장소여야 한다. 예수님은 당신 마음의 중심 보물이 되시기 위해 당신이 보물로 여기는 모든 것에 대해 죽으라고 요청하신다. 그분을 삶에서 가장 소중히 여길 때 당신은 당신의 삶을 자기 손으로 잡을 수 있고, 자기 계획으로 통제할 수 있는 것으로 축소하지 않게 된다. 당신 자신보다 더 큰 것을 위해 살기 시작한다. 삶의 모든 것을 그분께 내어드릴 때 당신이 만지는 모든 것은 하나님 나라의 크기로 확장된다.

지금 현재
누구의 왕국을 위해
희생하는가?

무엇 때문에
화가 나는가?

16

하나님 나라를 위해,
하나님과 함께 분노하라

드라마 실제 삶에서 일어나는 일련의 사건이나
상황을 연극이나 이야기 형태로 풀어낸 것

> 하나님 나라의 삶은
> 선한 동시에
> 분노하는 것이다

영화 '매그놀리아'(Magnolia)를 처음 봤을 때를 잊을 수 없다. 기독교 서적을 읽는 독자에게 이 영화를 추천하는 것이 조심스럽지만, 이 영화는 구성도 괜찮고, 배역도 탄탄하고, 세부 줄거리 전개도 흥미롭고, 주제도 식상하지 않다. 이 영화가 보여주는 죄와 그로 인한 상처는 보기에 고통스럽지만 마음을 끄는 힘이 있다. 게다가 영화의 결말은 보고도 믿기지 않을 정도였다! 실망스러울 정도로 충격적이고 혼란스러웠다. 한 가지 확실한 것은 그 이야기를 완전히 이해하지 못했다는 것이다. 빨리 그 영화를 다시 보고 싶었다. 그래서 이후에 그 영화를 일곱 번 더 보았고, 그제야 줄거리를 온전히 이해할 수 있었다.

하나님 나라에 대한 성경적 설명은 이 이야기만큼이나 충격적이다. 그래서 반복해서 읽어야 한다.

성경은 기록된 가장 위대한 드라마기에 한 번 읽어서는 명확히 이해할 수 없다. 그래서 하나님 나라의 삶이 실제로 어떤 모습인지 살펴보면서 이 이야기를 다시 한 번 보려고 한다. 즉 전에 해보지 않은 방식으로 이 이야기를 살펴보려 한다. 그렇게 하기 위해 우리에게 매우 친숙하지만 자주 오해하는 성경구절을 인용할 것이다. 바로 야고보서 1장 19-20절 말씀이다. "내 사랑하는 형제들아 너희가 알지니 사람마다 듣기는 속히 하고 말하기는 더디 하며 성내기도 더디 하라. 사람이 성내는 것이 하나님의 의를 이루지 못함이라."

분노의 연대기

이 구절을 실제적으로 충분히 이해하려면 성경이 어떻게 작동하는지 이해해야 한다.

성경은 기본적으로 이야기다. 더 정확히 표현한다면 신학적 주석이 달린 이야기라 할 수 있다. 즉 성경은 독자의 이해를 위해 주석이 달린 이야기다. 야고보서 1장 19-20절은 기계적인 삶의 격언이나 현실과 동떨어진 성경적 원리가 아니다. 이 구절은 하나님 나라와 자기 왕국 사이의 전쟁이라는 줄거리에 뿌리를 두고 있다. 좀 더 살펴보자.

성경이 구성된 방식은 구원의 이야기가 드라마처럼 펼쳐지는 형식이다. 그러나 바로 앞에서 말했듯이 성경은 주석이 달린 이야기다. 그래서 이야기 한쪽에 명제가 있다. 이 명제들 안에서 이야기의 거대한 주제들이 보편적 진리 형태로 표현된다. 이러한 진리 표현들의 목적은 이야기의 구성을 이해하도록 돕는 것이다.

이야기의 다른 한쪽에는 원리들이 있다. 이 원리들은 그 이야기를 매일의 삶 속 상황과 관계에 적용시킨다. 이 원리들의 목적은 하나님 이야기의 틀 안에서 사는 것이 무엇인지 알도록 돕는 것이다.

다시 야고보서 1장 19-20절로 돌아가보자. 이 구절의 원리는 "사람마다 듣기는 속히 하고 말하기는 더디 하며 성내기도 더디 하라."이고, 명제는 "사람이 성내는 것이 하나님의 의를 이루지 못함이라."이다. 원뜻에 가깝게 명제를 다시 고쳐서 말해보겠다. "화를 내면 하나님께서 원하시는 의로운 삶을 살 수 없다"(쉬운 성경). 이 문장을 보면 야고보 사도가 실제로 말하고자 한 것이 무엇인지 단서를 찾을 수 있다. 그는 단지 화내지 않고 점잖고 조용히 행동하는 게 좋다고 말하는 것이 아니다. 그보다 더 놀랍고 심오한 진리를 말하고 있다.

야고보 사도는 지금 하나님의 이야기가 분노의 이야기라고 말하는 것이다. **성경 이야기는 '거룩하고 거룩하지 않은 전쟁'이라고 제목을 붙일 수 있다. 즉 성경 이야기는 두 가지 분노에 대한 이야기다.** 첫 번째는 하나님의 분노다. 왜 하나님께서 분노하시는가? 하나님은 그분의 방법, 즉 거룩하고, 의롭고, 완벽하고, 사랑이 담긴 방식을 원하시기 때문에 분노하신다. 두 번째는 사람들의 분노다. 사람들은 왜 분노하는가? 우리는 우리의 방식, 즉 거룩하지 않고, 이기적이고, 의롭지 않고, 불완전하고, 사랑이 없는 방식을 원하기 때문에 분노한다.

이 두 분노는 공존할 수 없다. 상호 배타적이다. 성경 이야기를 읽다보면 하나님의 분노와 사람들의 분노를 만나게 되고, 이 두 분노가 서로 충돌할 수밖에 없음을 알게 된다. 성경은 실제로 이 두 개의 반대되는 분노의 연대기다.

성경을 읽다보면, 아담과 하와를 에덴동산에서 쫓아내셨던 초창기부터 하나님의 분노가 있었음을 알게 된다. 사람들의 분노는 그 뒤를 바짝 좇아 가인이 질투로 아벨을 죽인, 형제 살인이라는 충격적인 순간부터 등장한다. 성경에는 이 두 개의 분노가 갖는 폭력성이 드러난다. 아간의 죄로 인해 이스라엘에게 분노하시는 하나님, 세 명의 이스라엘 청년을 뜨겁게 달궈진 용광로에 던지는 느부갓네살, 오만한 군주를 풀을 뜯는 짐승처럼 낮추시는 하나님의 분노를 보게 된다. 왕권을 차지하기 위해 왕이 왕을 죽이면서 이스라엘이 질투와 분노라는 사회 정치적 늪지대로 쇠락하는 것을 보게 되고, 하나님을 버리고 다른 신을 택한 백성에게 분노하시는 하나님을 만나게 된다. 그리스도가 탄생하면서 벌어진 헤롯의 전국적인 영아 살해로 인해 백성들이 분노하는 모습도 보게 되고, 기도하는 집을 시장으로 바꾼 자들에게 분노하시는 그리스도의 모습도 보게 된다. 몇 개의 사건만 열거했지만 논점은 명확하다. 이 두 분노가 서로 전쟁을 벌이고 있다는 것이다. 이들 사이에 평화는 있을 수 없다.

두 가지 분노, 두 가지 명분

성경 이야기를 계속 읽다보면, 이 두 왕국이 공존할 수 없음을 알게 된다. 하나님은 그분의 의로운 명분, 그분의 영광스러운 계획을 버리실 수 없고, 버리지도 않으실 것이고, 버리셔도 안 된다. 그분의 의로운 명분으로 인해 분노하시는 그 열정이 온 세상의 희망이다. **그분의 방법을 방해하는 것에 대해 하나님이 분노하실 것이라는 사실이 온 우주의 소망이다. 그분의 방법은 옳다. 그분의 뜻은 반드시 이루어진다.**

그러나 사람도 영적으로 자신의 명분을 포기할 수 없는 것 같다. 사람은 자신이 원하는 것을 자신이 원하는 때에 자신이 원하는 방식으로 하길 원한다. 자기가 마음에 정한 것을 확고히 붙든다. 타협하려고 하지 않고 기다리려고도 하지 않는다. 자신의 길을 방해하는 사람이나 일에 분노한다. 결국 사람의 분노는 그의 운명이 된다.

야고보 사도가 말하는 것은 사람들의 분노에 한 가지 치명적인 약점이 있다는 것인데, 그것은 바로 하나님의 의로운 명분에 의해 동기 부여된 것이 아니라는 것이다. 우리가 하나님이 원하시는 것을 원하지 않기 때문에 하나님이 분노하실 때 분노하지 않고 하나님이 분노하지 않으실 때 분노한다. 하나님이 성취하시고자 하는 것에 동기 부여되지 않았기에 우리의 분노와 하나님의 분노가 함께하지 못한다.

성경을 읽다보면 흡사 드라마를 보는 것 같다. 전쟁의 연기가 실제로 나는 것 같다. 그러면서 이런 궁금증이 든다. '하나님의 분노가 이길까?' '하나님께서 역겨운 인간들을 포기하시고 그들이 이기적인 방식으로 살도록 내버려두시는 건 아닐까?' '인간을 모두 없애버리실까?' '인간이 제대로 바로 설 수 있을까?' '인간이 이기적인 명분을 포기할 수 있을까?' '인간이 하나님께 분노하는 대신 하나님과 함께 분노하는 것이 가능할까?' '성경 이야기의 끝은 어떻게 될까?'

은혜의 격렬한 분노

성경 전체를 통해 하나님의 분노와 사람의 분노가 얽혀 있는 것을 볼 때, 다가올 충돌에 대한 두려움이 우리를 사로잡는다. 두 분노가 충돌하면 엄청난 대학살이 일어날 것이 분명하다. 하나님은 그분의 거룩한 방식을 원하시고, 그분의 거룩한 방식을 따르는 것이 온 우주의 최고 소망이다. 하나님은 그분의 의로운 명분을 절대 포기하지 않으실 것을 분명히 하신다. 그러나 인간은 자신의 악한 방식을 원하고, 그러한 자신의 방식을 고집하려 하기에 하나님의 방식과 대치된다. 간단히 말해 두 분노 사이에 긴장 완화는 있을 수 없다.

이와 같이 두 분노는 결국 충돌하게 되지만 어디서 충돌할지는 예상할 수 없다. 이 둘은 한 사람 안에서 충돌한다. 그분은 바로 예수 그리스도시다. 격렬한 은혜의 자리요, 영원한 변화를 가져온 십자가라는 한 극적인 순간에 분노가 폭발한다. 사도행전 2장 22-24절에 적힌 베드로의 이야기를 살펴보자.

> 이스라엘 사람들아 이 말을 들으라. 너희도 아는 바와 같이 하나님께서 나사렛 예수로 큰 권능과 기사와 표적을 너희 가운데서 베푸사 너희 앞에서 그를 증언하셨느니라. 그가 하나님께서 정하신 뜻과 미리 아신 대로 내준 바 되었거늘 너희가 법 없는 자들의 손을 빌려 못 박아 죽였으나 하나님께서 그를 사망의 고통에서 풀어 살리셨으니 이는 그가 사망에 매여 있을 수 없었음이라.

무엇이 그리스도를 십자가에 못 박았는가? 죄와 반역을 저지르는 세상을 더 이상 참으실 수 없었던 하나님의 거룩한 분노였다. 하나님은 바로 이런 식으로 그분의 분노를 표현하시려고 계획하셨다. 그러나 사람의 분노도 그리스도를 십자가에 못 박았다. 자기 방식을 원하며 메시아를 미워하고 분노한 사람들이 그분을 십자가로 몰고 갔다. 그래서 **그 죽음의 언덕 위에서 하나님의 가득 찬 분노와 사람들의 가득 찬 분노가 그리스도의 등에서 충돌했다.** 그리스도께서 그 충돌이 가져올 대학살을 짊어지셨기에 우리는 그것을 다시 지지 않아도 된다.

이 분노의 순간이 심판이나 정죄로 끝나지 않은 것은 그것이 은혜의 격렬한 분노였기 때문이다. 그리스도는 십자가 위에서 우리에게 새로운 생명을 주시는 은혜를 통해 우리를 자유하게 하셨다.

선과 분노

하나님은 십자가를 통해 무슨 일을 하려고 하셨는가? 분노하지 않는 사람들의 왕국이 그분의 목표였을까? 아니다. 십자가는 매일 분노하는 사람들을 만들어내고자 했다. 이렇게 생각할지 모르겠다. '이해가 안 되는걸? 분노는 나쁘고 파괴적인 것 아닌가? 하나님은 우리가 평화주의자가 되기를 원하지 않으실까?'

대부분의 분노가 위험하고 파괴적인 것이 사실이다. 우상 숭배적인 분노이기 때문에 그렇다. 사람들은 상대방의 상처나 세상의 아픔 때문에 화를 내는 것이 아니라, 그 상처로 인해 자기가 원하는 것이 방해받기 때문에 화를 낸다. 그리스도는 이런 종류의 분노에서 우리를 자유하게 하시려고 십자가에서 죽으셨다. 그러므로 만일 **당신이 하나님 나라의 삶을 살고 있다면, 당신은 하나님께 분노하는 것이 아니라 하나님과 함께 분노하게 될 것이다.** 예수님이 죽으시면서까지 만드시고자 한 사람들의 문화는 그분을 매우 사랑하고, 그분의 의로운 명분에 온전히 헌신하고, 죄가 그들과 세상에 행한 일로 인해 너무나 고통스러워서 매일 화를 낼 수밖에 없는 사람들의 문화다. 이것은 예전의 이기적이고 거룩하지 않은 분노가 아니다. 이 사람들은 선한 동시에 분노한다. 이 새로운 분노는 하나님의 명분에 대한 막을 수 없는 열정이고, 죄에 타협하지 않는 재앙을 선포하는 것이다. 죄로 인해 고통받는 사람들의 아픔을 공감하기에 그 고통을 덜어주고자 하는 분노다. 죄의 어리석음에 대해 이해하고 은혜로 반응하는 자비의 분노다. 정죄하기를 거부하고 잃어버린 반역자들이 예수님 형상으로 다시 세워질 수 있음을 믿는 회복의 분노다. 무거운 짐을 진 순례자들이 그 짐의 무게를 감당할 수 있도록 도우며 기쁨을 발견하는 섬김의 분노다. 죄가 우리 세계에 낳은 분열을 싫어하고, 화합을 회복하기 위해 할 수 있는 모든 일을 행하는 평화의 분노다. 죄가 갖는 죄책감을 미워하고 죄의 수치심을 경멸하는 용서의 분노다.

예수님은 우리를 우리의 분노로부터 자유롭게 하실 뿐 아니라 우리가 그분의 의로운 분노를 가지게 하려고 죽으셨다. 그분이 죽으셨기에 당신은 작은 왕국의 열망을 실현하는 데 끊임없는 장애물로 다가오는 사람들과 환경에 대해 속으로 분노하지 않게 되었다. 그분이 죽으셨기에 당신은 밀실공포증을 느낄 정도의 자신의 작은 왕국에서 자기 몰두적인 분노에 사로잡히지 않게 되었다. 그분이 죽으셨기에 당신은 죄와 그 죄가 당신과 당신을 둘러싼 모든 사람에게 해를 끼치는 방법에 분노하게 되었다. **그분이 죽으셨기에 당신은 죄가 당신이 사는 세상을 망가트린 것에 분노하게 되었다.** 그분이 죽으셨기에 당신의 분노는 거룩해졌고 그분을 기쁘시게 하는 것이 되었다. 그분이 죽으셨기에 당신의 분노는 자비, 사랑, 용서, 긍휼, 회복, 평화라는 행위로 실천되었다.

크고 작은 드라마

성경에서 펼쳐지는, 즉 두 개의 서로 대립하는 분노를 다룬 이 거시적 드라마는 당신의 삶이라는 미니 드라마이기도 하다. 일상의 상황과 관계에 대해 어떻게 반응하느냐는 이 두 가지 분노 중에서 어떤 것이 당신의 마음을 통제하느냐에 따라 달라진다.

자신의 방법을 고집하려는 유혹에 마음을 내어줄 것인가? 아니면 예수님이 죽으신 것은 당신의 작은 왕국을 작동시키기 위해서가 아니라 더 나은 왕국으로 초대하기 위한 것이라는 사실을 받아들일 것인가? 그분의 의로운 명분을 받아들이고, 당신이 어디에 있든 구별되게 만들어줄 만족되지 못한 은혜의 분노를 드러낼 것인가?

친구들의 결점 때문에 화가 나서가 아니라, 죄가 그들에게 하는 것을 보고 그들에게 더 좋은 것을 주고 싶어서 화내는 친구가 될 것인가? 배우자와 싸우는 것이 아니라, 배우자가 죄와 싸울 때 그들을 위해 싸우는 분노하는 배우자가 될 것인가? 가난, 인종 차별, 부패, 불평등을 용인하기를 거부하는 분노한 시민이 될 것인가? 선하지만 다음과 같이 분노하는 사람이 되겠는가?

사랑이라는 자기희생적인 분노를 드러내겠는가?
자비라는 회복시키는 분노를 드러내겠는가?
정의라는 구속하는 분노를 드러내겠는가?
평화라는 화해시키는 분노를 드러내겠는가?

이런 식으로 분노할 때, 당신은 더 이상 자신에게 초점을 맞춘 꿈에 붙들리지 않는다. 당신의 분노는 이제 하나님의 의로운 명분을 갖게 되었기에 당신이 만지는 모든 것을 하나님 나라의 크기로 확장하게 된다.

사라는 매우 화가 나 있었지만 전혀 화난 사람 같지 않다. 그녀는 쉽게 화를 내는 사람이 아니다. 삶에 갈등도 많지 않다. 시끄럽고 따지기 좋아하는 사람도 아니다. 그러나 사라는 화가 나 있다. 너무 많은 노인이 자활 능력이 부족하고 외롭게 지내는 데 화가 난 그녀는 매 주일 오후 이웃에 있는 요양 시설에 가서 방마다 찾아다니며 시간을 보낸다. 또 그녀는 높은 교육 수준을 가진 도시 안에서 많은 아이가 읽는 것을 배우지 못한 것에 분노하여 화요일 저녁마다 그 아이들을 가르친다. 많은 우정 관계가 끝내 화해되지 않고 갈등 상태로 끝나는 것에 분노하여 그녀는 할 수 있는 한 어디에서든 중재자로 일한다. 그렇다. 사라는 분노하지만 그것은 작은 왕국의 자신에게 초점 맞춰진 분노가 아니다. 그녀의 분노는 하나님 나라의 분노이며, 선한 일을 행할 수 있는 방법을 찾게 해준다.

지금 현재의 일상에서
당신은 누구의 왕국을 위해
분노하는가?

세상에서 당신에게
소망을 주는 것은
무엇인가?

17

하나님 나라를 소망하라

기대 무언가 일어날 거라고 확신을 가지고 소망하는 것

절대 실망시키지 않을
진정한 소망은
하나님에 대한 소망이다

마지막 단원을 생각하면서 하나님 나라의 삶이란 어떤 모습일지, 지금까지 살펴본 내용을 어떻게 적절하게 마무리할지 자문해보았다. 그러다 문득 하나님 나라의 삶에서 가장 중요한 것은 그것이 갖는 충만한 소망이라는 생각이 들었다.

우리가 이 점을 놓치는 이유는 많은 사람이 의지할 만한 것이 못 되는 소망에 일시적으로 동기 부여를 받기 때문이다. 그들이 가진 소망의 원천이 믿을 만하지 못하다는 것이 증명될 때까지는 그것이 꽤 소망이 있는 것처럼 보인다. 그래서 이 타락한 세상에서 진정으로 소망에 찬 사람들이 실제보다 더 많아 보이는 것이다.

끔찍하게 깨어진 세상에서 소망을 가지고 살아가는 것은 오직 두 부류의 사람들이다.

첫 번째는 **일시적이고 곧 실망하게 될 소망** 안에 사는 사람들이다. 그들은 결국 실패할 무언가에 소망을 두고 있고, 그들의 소망이 끝나는 것은 시간문제다.

두 번째 부류는 **소망할 타당한 이유**를 갖고 사는 사람들이다. 그들의 소망은 절대 실망하지 않을 것에 놓여 있기에 사라지지 않는다. 이런 소망을 갖는 것은 오직 하나님 나라의 삶을 살아갈 때다.

실망을 주는 실망

진짜 소망은 왜 그렇게 드물고 급진적이냐고 질문할 수 있을 것이다. 당신은 당신이 살고 있는 세상에 대해 시간을 내서 진지하게 탐구해본 적이 있는가?

생각해보라. 당신의 삶에서 당신을 실망시키지 않을 것은 그리 많지 않다. 다음에 나오는 실제 삶의 예를 살펴보자.

벤과 에밀리는 내 앞에 앉아 있었다. 믿을 수 없을 정도로 힘이 넘치고 기대에 차 있는 얼굴이었다. 그들의 관심을 나에게 돌리기 어려울 정도로 너무나 강렬하게 서로의 눈을 응시하고 있었다. 그 순간 내가 그 방에 있다는 사실도 잊은 듯했다.

그들은 나에게 결혼 예비 상담을 받으러 왔지만, 그럴 필요가 없는 듯했다(결혼 예비 상담은 교회에서 예식을 위한 시설물 허가를 내주기 전 요청하는 것이었다). 그들은 서로를 깊이 존중하고 헌신하겠다고 공언했다. 에밀리는 자신들이 대화를 잘하고 있으며 둘 사이의 문제도 잘 해결해왔다고 말했다. 벤과 에밀리는 딱 붙어 앉아서 서로 손을 마주 잡고 서로의 얼굴을 바라보며 활짝 미소를 짓고 있었다.

하지만 나는 그들이 걱정스러웠다. 그들은 상대방이 잘 해낼 거라는 확신에 자신의 행복과 의미와 안전과 소망을 걸고 있었다. 그들의 소망은 상대방이 자신을 실망시키지 않을 거라는 확신에 근거하고 있었다.

6개월 후 벤과 에밀리를 다시 만났을 때, 그들은 조금 멀찍이 떨어져 앉아 있었다. 얼굴의 미소도 사라져 있었다. 두 사람은 죄인과 죄인이 만나 결혼했다는 충격적인 현실을 마주하고 있었다. 그간 잘못된 선택도 하고, 약속을 어기기도 했다. 갈등을 해결하지 못해 상처가 쌓이는 바람에 이제는 대화하기도 어려웠다. 중대한 문제로 다투는 것이 아니었다. 타락한 세상에서 자라난 삶의 다양한 잡초 같은 문제들이었다. 다만 얼마 되지 않은 결혼생활에 대한 그들의 소망이 완전히 사라져 버렸다는 것이 그들의 큰 문제였다.

실망을 주는 세상

한때 희망에 차 있던 이 커플이 실망한 이유가 있었다. 그간 실패를 겪었기 때문이다. 그들이 기대한 대로 일이 되지 않았다. 그들에게는 나름대로 해결해야 할 문제들이 있었다.

이 망가진 세상에서 삶의 음악은 종종 우울한 느낌을 주는 단조로 연주된다. **잠시 이에 대해 생각해보라. 어떤 방식으로든 당신에게 실망을 안겨주지 않은 것이 있었는가?**

거의 없다. 당신이 산 집은 전혀 예상하지 못한 문제들을 드러낸다. 우정 관계도 어떤 식으로든 실망을 주었다. 직장도 언제나 신나고 힘이 되는 곳은 아니었다. 교회에 처음 출석한 날은 그곳이 최고의 교회라고 생각했을 것이다. 지금은 어떠한가? 교회의 많은 결점을 다 알 만큼 오래 다녀서 지나치게 현실적으로 판단하고 있지 않은가? 자라난 가정도 실망할 수밖에 없는 곳이었다.

타락한 세상에서의 삶은 그런 것이다. 실망은 사실 모든 인류의 보편적 경험이고, 슬픔은 누구도 탈출할 수 없는 감정이다. 때문에 하나님 나라에서 가장 중요한 점은 그곳이 빛나고 밝고 개인적으로 동기 부여를 주는, 영원한 소망을 주는 곳이라는 사실임을 말할 필요가 있다.

근본적인 소망

왜 아무도 우울해지는 방법에 대해 책을 쓰지 않는지 궁금해한 적이 있는가? 왜 아무도 두려워지는 7가지 방법에 대해 글을 쓰지 않을까? 왜 아무도 '실망스러운 삶을 사는 매우 효과적인 7가지 단계'에 대해 쓰지 않는 걸까?

이런 책들은 필요가 없기 때문에 쓰이지 않은 것이다. 이 끔찍하게 망가진 세상에서의 삶은 힘들다. 때로는 모든 것이 후퇴하는 것처럼 느껴지기도 한다. 자신의 꿈을 깨달을 때도 있지만 그 꿈들이 눈앞에서 사라지는 것 같기도 하다. 악인들이 승리하고 선한 사람들은 계속 해를 당하는 것같이 보일 때도 있다. 또 범죄가 이익이 되고, 정직하면 빚지고 성공하지 못하는 것처럼 느껴지는 순간도 있다. 이처럼 주위에서 일어나는 일들을 보면 소망은 어리석은 자의 전유물 같다.

하지만 이제 마음을 열고, 잠시 두려움을 내려놓고, 함께 생각해보자. 결혼한 사람이라면 배우자의 모든 면이 좋았고 결혼생활 내내 행복했던 것은 아님을 인정하라. 결혼생활이 주는 즐거움과 축복에도 불구하고 아직까지 감당해야 할 갈등이 있을 것이다.

직업은 어떠한가? 직업도 실망을 안겨준다. 아마 상사와의 관계가 그럴 것이다. 처음에는 잘 맞는 것처럼 보였지만 이제는 이해할 수 없는 긴장감이 흐른다.

동료들과는 어떠한가? 공동체라기보다 경쟁자로 느껴지지 않는가? 일 자체는 어떠한가? 상상했던 것처럼 매력적이거나 잘 풀리지만은 않을 것이다.

어떤 식으로든 실망하지 않는 부모는 없다. 우리는 아이를 갖기를 꿈꾸고, 아이들이 어떻게 자랄지 꿈꾼다. 그러나 우리의 꿈은 실현되지 않는다. 자녀들은 우리가 생각지도 못한 방법으로 반항하고, 우리는 자녀들이 태어나기 전에는 불가능하다고 생각했던 방법으로 그들과 갈등을 겪는다. 이렇게 하다보면 어느새 예전에 가졌던 이상은 시들어버리고 바라는 것은 그저 잘 견디며 서로 사랑하는 것이다.

우리는 우정 때문에도 화가 날 수 있다. 믿을 수 없을 정도로 외로울 수도 있고 '아무도 나를 돌봐주지 않는다'는 회의가 들 수도 있다. 혹은 믿었던 친구에게 배신당해서 상처받을 수도 있다. 깊은 관계로 발전하지 못하고 표면적이고 의미 없는 관계로 남는 것에 싫증이 날 수도 있다. 자기 자신에게 실망할 수도 있다. 잘못된 시간에 잘못된 일을 하는 데 익숙해져서 잘 이어질 수 있었던 우정을 망쳐버릴 수도 있다. 우리 모두 어떤 방식으로든 실망스러운 우정을 경험한다.

삶에서 가장 큰 실망은 교회일 것이다. 교회에서 하라는 대로 성경을 읽지만 결코 목표를 달성할 수 없을 것 같다. 교제도 많이 하고 사역에도 참여하지만 모든 것이 엉성하게 설계된 가짜 영성 활동 같다. 모든 활동에 참여하지만 무언가 빠져 있는 것 같다.

자기 자신에 대해서도 실망스러울 것이다. 스스로 원했던 사람이 되지 못했고, 원하는 것을 이루지도 못했다.

조용히 이성적으로 생각해보면 다 자기 잘못이라는 것을 알게 된다. 해명해야 할 때 외면했고, 책임져야 할 때 다른 사람을 비난했다. 상황이 힘들다고 변명하며 초라한 성과를 합리화했다. 자아 성찰을 하면서 자기 모습에 실망하지 않기란 어렵다.

그렇다. 낙담할 이유들은 많다. 두려워할 것들도 많다. 우리 중 누구도 실망에서 자유로울 수 없다. 이런 점에서 볼 때 **하나님의 나라가 지니는 근본적인 점 중 하나는 그곳이 밝고 빛나고 영원한 소망의 왕국이라는 것이다.**

실망을 주는 소망

사도 바울이 로마서 5장 1-5절에서 거의 눈치채지 못하게 보여주고 있는 하나님 나라의 중요한 원리 하나가 있다.

> 그러므로 우리가 믿음으로 의롭다 하심을 받았으니 우리 주 예수 그리스도로 말미암아 하나님과 화평을 누리자. 또한 그로 말미암아 우리가 믿음으로 서 있는 이 은혜에 들어감을 얻었으며 하나님의 영광을 바라고 즐거워하느니라. 다만 이뿐 아니라 우리가 환난 중에도 즐거워하나니 이는 환난은 인내를, 인내는 연단을, 연단은 소망을 이루는 줄 앎이로다. 소망이 우리를 부

끄럽게 하지 아니함은 우리에게 주신 성령으로 말미암아 하나님의 사랑이 우리 마음에 부은 바 됨이니.

사도 바울은 매일의 우리 삶에 부어지는 하나님의 은혜가 함축하는 것들을 찬양하고 있다. 하나님의 은혜가 고통 가운데서도 바르게 소망을 가져야 할 이유를 준다고 말한다. 고통이 우리의 소망을 없애는 장본인인 경우가 있지만, 사도 바울에게는 그렇지 않았다. 바울에게 소망을 준 것은 삶의 환경이나 관계가 쉽고 잘 풀리는 것이 아니다. 그의 소망은 그보다 훨씬 깊은 차원에 있다. 그래서 그는 고통스럽고 어려운 환경 속에서도 소망을 가질 수 있다.

바울은 이 점을 조심스럽지만 폭발적인 원리로 보여준다. 바로 **소망이 우리를 실망시킨다면, 그것은 잘못된 소망이라는 것이다.**

하나님께 둔 소망은 절대 실망시키지 않는다. 소망이 하나님께 있기 때문이다. 반면 다른 것에 둔 소망은 언제나 실망으로 끝나게 된다.

이 원리를 좀 더 깊이 이해해보자. 그리고 이 원리가 얼마나 광범위하고 삶을 변화시키는지 생각해보자.

뭔가를 바란다는 것은 무슨 의미인가? 기본적으로 소망이란 **성취될 거라는 논리적, 혹은 확신에 찬 기대감을 동반한 바람**이다. 그러나 실제로는 그 이상이다. 어떤 것에 소망을 둘 때 우리는 자신의 복지, 정체성, 의미, 목적을 어떤 식으로든 그것에 결부시킨다. 자신의 삶을 거기 걸었기 때문에 그 소망들이 실현되는 것이 '필요'하다.

모든 사람이 이렇다는 걸 깨달아야 한다. 아직 살아있고 생각하고 느낄 수 있다면 우리는 어딘가에 소망을 두고 있다. 어떤 소망은 아침에 일어나는 원동력이 된다. 또한 같은 이유로 실망은 너무나 보편적인 인간의 경험이 된다. 우리가 소망을 둔 것 대부분이 우리를 구해줄 수 없기 때문이다. 그래서 우리는 언젠가 에이스가 나올 거라 생각하며 계속해서 소망이라는 카드 뭉치를 섞는다. 그러나 우리가 들고 있는 카드 뭉치에는 에이스가 없다! 소망이 실망을 준다면, 그것은 잘못된 소망이기 때문이다.

다른 길

하지만 다른 소망이 있다. 하나님 나라의 삶은 보증된 약속들을 받고 사는 것이다.

하나님의 나라는 반드시 도래할 것이다. 오지 않는 것은 우리의 왕국이다. 그분의 뜻은 이루어질 것이다. 우리의 뜻은 이뤄지지 않을 가능성이 크다. 그분은 모든 것을 영광스럽게 끝내실 것이다. 그분의 모든 약속이 성취될 것이다.

우리가 마주치고, 경험하고, 견뎠던 모든 것에 다 목적이 있다. 마지막 결산이 있을 것이다. 모든 악한 것이 패하여 사라질 시간이 올 것이다. 죽음은 패할 것이기에 하나님의 모든 자녀는 죽음의 장례식에 참여하게 될 것이다. 자비가 영원히 통치하게 될 것이다. 온유한 자가 땅을 기업으로 받게 될 것이다. 평화는 영원히, 언제까지나 있을 것이다. 고통과 근심과 죄와 아픔이 끝나는 날이 반드시 올 것이다.

문제는 당신이 자신의 작은 왕국의 욕망들을 '필요한 것'으로 승격시킬 때, 더 이상 이런 보증된 약속들을 가지고 살 수 없다는 것이다.

하나님은 당신이 소망하고, 간절히 바라고, 그것 없이는 살 수 없다고 확신했던 모든 것을 주시겠다고 약속하지 않으셨다.

당신은 매우 낭만적인 결혼생활을 하면 행복할 거라 생각했지만, 하나님은 그런 결혼생활을 주겠다고 약속하지 않으셨다.

당신은 장기적이고 성공적인 직업에 자신의 정체성을 연결시켰지만, 하나님은 그것을 주겠다고 약속하지 않으셨다.

당신은 자신의 안녕을 신체적인, 혹은 물질적인 건강과 결부시켰지만, 하나님은 그중 한 가지를 주겠다고 약속하지 않으셨다.

당신은 잘나가는 자녀를 둔 성공적인 부모가 되는 데 자신의 가치를 걸었지만, 하나님은 당신의 가족에 대한 꿈을 이루어주겠다고 약속하지 않으셨다.

물론 이 모든 것은 바랄 만하고 경험할 가치가 있는 것이지만, 당신의 능력으로 할 수 있는 것들이 아니고 당신의 구원자께서도 이것들을 주겠다고 약속하지 않으셨다.

더욱이 이것들이 당신의 마음을 온통 사로잡고 소망의 대상이 되어버리면, 당신은 하나님의 신실하심을 판단하려 하게 된다. 즉 그분이 약속에 신실하셨는지 여부가 아니라 당신이 마음에 둔 것들을 주셨는지 여부에 따라 그분의 신실함을 판단하려 하게 된다. 그러나 이것은 말이 안 된다. 당신의 삶에서 하나님만이 계셔야 할 자리에 다른 것들을 주신다면, 그분이 은혜로 당신을 해방시키시려 한 중독적인 것들을 장려하는 꼴이 되지 않겠는가!

나는 우리가 대적 탓으로 돌리는 많은 반대가 사실은 하나님의 반대라고 확신한다.

하나님께서 우리를 막아서신다. 우리를 사랑하지 않아서가 아니라 정말로 사랑하시기 때문에 그렇게 하신다. 그분이 우리 길을 막으시는 것은 우리가 원하는 것이 영적으로 그분이 우리에게 원하시는 것을 방해하기 때문이다.

하나님께서 우리가 느끼는 필요를 보증해주시는 분이라고 생각하는 기독교는 소망이 없고 자멸하게 되어 있다. 우리가 원하는 '좋은' 것들을 우리 능력으로 얻을 수 없기에 우리는 절망, 혹은 의심과 싸운다. 역설적인 것은 우리가 이미 그분이 주신 최고로 좋은 것들을 받았는데도 그것을 알지 못한다는 것이다.

당신의 소망은 당신이 섬기는 왕국과 절대적으로 결합되어 있다.

만일 당신의 삶이 작은 왕국의 목적들 중 몇 개나 실현할 수 있느냐로 규정된다면, 당신은 스트레스를 받고, 통제를 받고, 염려하고, 실망하고, 두려워할 것이다.

그동안 당신은 당신이 통제할 수 없고 하나님이 약속하지 않으신 것으로 삶을 규정해왔다. 슬프게도 이것은 완전히 자멸하는 길이다. 그러나 당신의 소망이 개인적 지혜와 힘과 성품에 의존하지 않고, 더 이상 다른 사람의 행동과 승인에 의존하지 않고, 또 여건과 상황과 제도가 우리를 실망시키지 않을 것이라는 신념에 놓여 있지 않다면, 당신은 믿을 만한 소망으로 옮겨가기 시작한 것이다.

하나님 나라의 소망은 오직 하나님께만 놓여 있다. 하나님께서 지혜롭고 진실하고 사랑 넘치고 선한 모든 것의 궁극적인 원천이시고, 그분의 약속은 믿을 만하고, 그분이 행하시는 것이 최선임을 날마다 굳게 붙들고 신뢰해야 한다.

우리를 실망시키지 않을 유일한 소망은 하나님, 그분에 대한 소망이다. 하나님 나라의 소망은 매일매일 우리 안에서 일어나는 동기들을 하나님께 맡기는 것이고 두려움 없이 그분 안에서 쉬는 것이다.

물론 이 타락한 세상에서 매일 실망을 경험할 것이다. 그러나 겁내지 않고, 도망가지 않고, 그만두지 않을 것이다. 왜냐하면 우리의 하나님은 우리의 실망 가운데에서도 존재하시고, 절대 변하지 않으실 것이기 때문이다!

당신이 이 소망을 알게 되고, 이 소망으로 사람들과 환경을 다루게 되고, 당신의 소망이 진정으로 하나님 한 분께만 있을 때, 당신이 만지는 모든 것은 하나님 나라의 크기로 확장될 것이다.

나는 매일 아침을 소망으로 맞이하네.
내가 하는 일이 성공해서도 아니고,
주위 사람이 나를 칭찬해서도 아니고,
환경이 평탄해서도 아니고,
오직 하나님이 계시고
그분이 나의 아버지이시기 때문이네.
다른 방법으로 아침을 맞는다는 것은
거짓말을 믿는 것.
소망 안에 산다는 것은 진리 안에 사는 것.
진리 안에 산다는 것은 그분을 영화롭게 하는 것.
그분을 매일의 삶에서 영화롭게 하는 것이 최고의 예배.

당신은
매일의 소망을
어디에서 찾는가?

18

더 나은 삶으로 이끄는 질문들

자크는 열정적이다. 로맨틱하다는 의미가 아니다. 무엇이든 열심히 한다는 뜻이다. 겉으로 볼 때 자크의 삶은 대체로 평범해 보인다. 그는 도시에 살고, 지역 슈퍼마켓의 매니저로 일한다. 주변 친구들과 가깝게 지내며 끈끈한 관계를 유지하고 있다. 동네에 있는 교회에도 열심히 다닌다. 올해 31세인 그에게는 여자 친구도 있다. 하지만 아직 미혼이다.

자크가 열정이 있다고 말한 것은 그가 사는 방식이 이 책이 말하는 내용의 구체적인 예가 된다는 의미에서 그렇다. 자크는 자신의 삶의 크기를 하나님 나라로 확장하는 것이 무슨 의미인지 알고 있다. 그렇다고 그가 당장 일을 그만두고 선교사가 되어 먼 나라로 갈 거라는 의미는 아니다. 우리는 지금 있는 곳에서 하나님 나라를 위해 살 수 있다. 하나님이 그곳으로 우리를 부르셨고 그 일을 하도록 은혜를 주셨다. 그럼 자크의 일상을 조금 더 자세히 들여다보자.

자크는 많은 사람이 모여 있는 도시에 산다. 매일 수많은 사람과 공유할 수 있는 공공장소가 많다는 사실에 그는 흥분한다. 그런 공공장소가 있으면 평소에는 만날 수 없는 사람을 만날 기회가 생기기 때문이다. 왜 그런 생각을 하는 걸까? 자크는 자신이 처한 자리에서 '빛과 소금'이 되라고 하신 하나님의 부르심에 진지하게 임하기 때문이다. 그래서 그는 매일 주 예수 그리스도의 사랑을 전할 수 있는 기회에 흥분한다.

자크와 함께 길을 가다 보면, 그가 거의 모든 이웃을 알고 있다는 사실을 알게 된다. 그는 절대로 자신의 생각에 몰두해 있거나 분주하게 있지 않고 길을 가다가 멈춰 서서 "안녕하세요?"라고 이웃에게 인사를 건넨다. MBA를 졸업했지만 이웃과 매일 만날 수 있도록 일부러 동네 주변에서 일자리를 찾았다. 가게의 모든 단골이 자크를 알고 있다.

자크는 기꺼이 도움을 베푸는 사람으로 알려져 있다. 그는 정기적으로 이웃의 개를 돌봐준다. 그 개는 침도 많이 흘리고 자크의 콘도에서 지내기에 너무 크지만, 옆집에 사는 맞벌이 부부의 삶에 개입할 기회가 된다. 또 그는 길 아래 사시는 할머니에게 아들 같은 존재가 되었다. 자크가 없었다면 겨울마다 할머니 집 근처 인도에 많은 눈이 쌓였을 것이다. 그는 정기적으로 할머니께 식료품도 배달한다.

토요일 아침이면 자크는 근처 공원으로 간다. 나이 들어 보이지 않게 운동하려는 목적도 있지만 그에게는 그보다 더 큰 목적이 있다. 공원에서 3대 3 농구와 축구를 하면 이웃에 있는 많은 청년을 만날 수 있다. 체육관에서 운동하는 것이 훨씬 효과적이지만, 그는 더 큰 이유로 공원에서 운동을 한다.

여름에는 주말마다 베란다에 음식을 준비해서 누군가를 초대해 바비큐 파티를 한다. 자크는 타고난 전도자이지만 강압적이지 않고 자연스럽다. 자크가 그리스도와의 관계에 대해 이야기할 때면, 주변에 있는 사람들은 이미 그의 됨됨이에 매력을 느껴서 그가 사는 방식에 대해 궁금해한다.

큰 왕국이 세상을 만날 때

자크가 이렇게 사는 것은 한 가지 이유에서다. 바로 큰 왕국인 하나님 나라를 바라보기 때문이다.

그는 더 큰 집에서 살 수 있었다. 더 명망 있는 일을 하고 더 높은 급여를 받을 수도 있었다. 자신을 위해 더 많은 시간을 투자하고 멋진 일도 할 수 있었다.

하지만 그는 그것들을 선택하지 않았다. 그는 자기 자신을 위해 살지 않기 때문이다. 그는 정말로 왕을 위해 살고 싶어 한다. 그렇다면 왕을 위해 산다는 것이 구체적으로 어떤 것인지 살펴보자.

자크는 **장소의 중요성을 믿는다**. 그는 온 우주의 왕께서 그분이 원하시는 곳에 정확히 자신을 놓으셨음을 믿는다. 그 말은 곧 그가 그곳에 있는 사람들을 사랑하고, 그곳을 더 좋은 곳으로 만들어야 함을 의미한다.

자크는 **사역이 생활 방식이라고 믿는다**. 대부분의 그리스도인들이 사역에 대해 잘못 생각하고 있다. 이를테면 사역을 잘 짜인 하나의 프로그램 같은 것으로 생각한다. 그래서 사역할 때는 자신의 삶에서 나왔다가 사역이 끝나면 다시 자신의 삶으로 돌아간다고 생각하는 경향이 있다.

하지만 자크는 삶 자체가 사역이고, 모든 사람의 삶의 범위가 사역의 장이 되어야 한다고 믿는다.

자크는 **관계가 갖는 구원의 능력을 믿는다.** 그는 구원은 언제나 관계를 통해 일어난다는 성경의 가르침을 믿는다. 이것이 하나님이 우리 삶에서 일하시는 방법이다. 하나님은 그리스도를 통해 우리를 사랑의 관계로 받아주신 다음 우리를 급격하게 변화시켜 가신다. 그래서 자크는 주변 사람들과 관계를 맺을 수 있는 모든 접점을 찾는다.

자크는 **환대의 중요성을 믿는다.** 하나님께서 자크를 가족으로 받아주신 것처럼, 그도 주위 사람들에게 자신의 세계를 열어 보일 때 그의 말이 능력을 발휘한다고 믿는다.

자크는 **오래 참음과 인내의 삶을 살도록 부름받았다고 믿는다.** 사역은 언제나 진행형이지 한 번의 이벤트가 아니다. 사역은 다른 사람의 삶에 기꺼이 장시간을 투자하는 것이며, 그렇게 할 때 하나님께서 하실 수 있는 일을 하실 거라고 소망하는 것이다. 자크는 다른 사람을 위해 장기간 헌신적으로 사랑하면서, 하늘 아버지께서 그에게 보여주신 인내심을 떠올린다.

이런 방식으로 살기 때문에 자크가 하는 모든 것은 보이는 것보다 더 커진다. 하나님 나라의 크기로 일이 확장된다. 걸어가는 것도 하나님 나라의 일이 된다. 운동하고 바비큐 파티를 하는 세속적인 일들도 자크의 삶의 일부가 되면 새로운 의미를 갖는다.

물론 자크도 맛있는 식사를 하러 나가거나 오락거리로 영화를 보러 갈 때가 있다. 하지만 자크는 그런 일을 할 때도 언제나 하나님을 위해 계획을 바꿀 준비가 되어 있다.

개인적인 질문

이제 책 막바지에 왔으니, 이 질문들을 자신에게 적용해보는 것이 중요하다. 이 책이 말하는 진리들을 통해 당신 자신을 본다면 어떤 모습이 보이겠는가? 당신의 결정과 일정은 어떤 왕국의 모습인가? 당신 삶의 크기가 줄어드는가, 아니면 당신의 모든 삶이 하나님 나라의 크기로 확장되는가?

이 마지막 질문들은 당신 삶의 방식을 정확하게 평가하는 데 도움을 주기 위해 만들었다. 이 질문들을 통해 당신이 더 나은 삶을 원하게 되기를 소망한다.

1. 개인적인 행복보다 더 큰 무언가를 위해 살고 있기에, 삶에서 규칙적으로 행하는 구체적인 일들이 있는가?
2. 자기 왕국이 갖는 거짓된 본성을 자각하고 있는가?(자기 왕국은 변장 왕국이었음을 기억하라) 당신의 시간과 에너지를 어떻게 투자하고 있고, 그 동기는 무엇인지 정기적으로 점검하는가?
3. 하나님이 요구하시는 형식과 자유를 넘나드는 재즈적 삶을 살고 있는가? 그분이 작성하신 경계들 안에 머물면서도 당신이 놓인 상황과 관계들 안에서 즉흥성을 발휘하는 자유를 누리고 있는가?
4. 매일 일하고 살아가는 망가진 세상에 만족하지 못하는가? 그래서 당신이 할 수 있는 방법으로 세상이 온전히 회복되도록 일하고 있는가?
5. 세상 일로 너무 바빠서 천국을 소망할 시간이 없는가? 아니면 한 눈은 현재를 보고, 한 눈은 영원을 보면서 모든 일을 하는가? 이 세상과 그 안에

있는 모든 것이 완전히 새롭게 될 날이 온다는 약속을 정말로 믿으며 현재의 고통과 실망을 참아낼 수 있는가?
6. 당신의 계획, 당신의 일정, 당신의 할 일, 당신의 기대를 내려놓는가? 어디에 있든 (아무리 세속적인 순간이라도) 하나님이 행하시는 일에 참여할 방법을 늘 강구하는가?
7. 주 예수 그리스도와 그분의 은혜의 선물(당신과 당신 삶의 방향을 근본적으로 바꾸어 놓은)에 깊이 감사하며 살고 있는가? 그분을 향한 사랑과 경배를 늘 새롭게 하려고 애쓰는가? 그분 왕국의 백성으로 선택받았을 뿐 아니라 그분의 대사가 되었다는 겸손한 특권의식을 가지고 살아가는가?

우리는 절대로 우리 자신을 위해 살도록 창조되거나 구원받지 않았다. 우리는 초월적인 존재로 창조되었다. 우리 삶의 경계는 언제나 우리 자신의 경계보다 더 커야 한다. 그분의 은혜로 이렇게 살아갈 때, 우리는 세상에서 가장 중요한 일의 한 부분이 될 뿐 아니라 우리의 인간성을 회복할 수 있다.

이것이 원래 인간이 살아야 하는 방법이다! 하나님은 끝없이 인내하시지만, 절대로 우리 작은 왕국의 목적을 받아들이지 않으신다. 그분은 우리를 너무나 사랑하시기에 밀실공포증이 느껴지는 우리의 작은 왕국을 몇 번이고 되풀이하여 찾아오시고, 그곳에서 우리를 꺼내려 하실 것이다. 마침내 그분의 뜻이 이루어지고 그분의 왕국이 올 때까지 계속 그렇게 하실 것이다. 이것이 바로 우리가 기뻐해야 할 이유다!

사명선언문

너희가 흠이 없고 순전하여……세상에서 그들 가운데 빛들로
나타내며 생명의 말씀을 밝혀 _ 빌 2:15-16

1. 생명을 담겠습니다
만드는 책에 주님 주신 생명을 담겠습니다.
그 책으로 복음을 선포하겠습니다.

2. 말씀을 밝히겠습니다
생명의 근본은 말씀입니다.
말씀을 밝혀 성도와 교회의 성장을 돕겠습니다.

3. 빛이 되겠습니다
시대와 영혼의 어두움을 밝혀 주님 앞으로 이끄는
빛이 되는 책을 만들겠습니다.

4. 순전히 행하겠습니다
책을 만들고 전하는 일과 경영하는 일에 부끄러움이 없는
정직함으로 행하겠습니다.

5. 끝까지 전파하겠습니다
모든 사람에게, 땅 끝까지, 주님 오시는 그날까지
복음을 전하는 사명을 다하겠습니다.

서점 안내

광화문점 서울시 종로구 새문안로 69 구세군회관 1층
02)737-2288 / 02)737-4623(F)

강남점 서울시 서초구 신반포로 177 반포쇼핑타운 3동 2층
02)595-1211 / 02)595-3549(F)

구로점 서울시 동작구 시흥대로 602, 3층 302호
02)858-8744 / 02)838-0653(F)

노원점 서울시 노원구 동일로 1366 삼봉빌딩 지하 1층
02)938-7979 / 02)3391-6169(F)

일산점 경기도 고양시 일산서구 중앙로 1391 레이크타운 지하 1층
031)916-8787 / 031)916-8788(F)

의정부점 경기도 의정부시 청사로47번길 12 성산타워 3층
031)845-0600 / 031)852-6930(F)

인터넷서점 www.lifebook.co.kr